ANDRZEJ MOSZCZYŃSKI jest autorem 23 książek, 34 wykładów oraz 3 kursów. Pasjonuje go zdobywanie wiedzy z obszaru psychologii osobowości i psychologii pozytywnej.
Ponad 700 razy wystąpił jako prelegent podczas seminariów, konferencji czy kongresów mających charakter społeczny i charytatywny.

Regularnie się dokształca i korzysta ze szkoleń takich organizacji edukacyjnych jak: Harvard Business Review, Ernst & Young, Gallup Institute, PwC.

Jego zainteresowania obejmują następujące tematy: potencjał człowieka, poczucie własnej wartości, szczęście, kluczowe cechy osobowości, w tym między innymi odwaga, wytrwałość, wnikliwość, entuzjazm, wiara w siebie, realizm. Obszar jego zainteresowań stanowią również umiejętności wspierające bycie zadowolonym człowiekiem, między innymi: uczenie się, wyznaczanie celów, planowanie, asertywność, podejmowanie decyzji, inicjatywa, priorytety. Zajmuje się też czynnikami wpływającymi na dobre relacje między ludźmi (należą do nich np. miłość, motywacja, pozytywna postawa, wewnętrzny spokój, zaufanie, mądrość).

Od ponad 30 lat jest przedsiębiorcą. W latach dziewięćdziesiątych był przez dziesięć lat prezesem spółki działającej w branży reklamowej i obejmującej zasięgiem cały kraj. Od 2005 r. do 2015 r. był prezesem spółki inwestycyjnej, która komercjalizowała biurowce, hotele, osiedla mieszkaniowe, galerie handlowe.

W latach 2009-2018 był akcjonariuszem strategicznym oraz przewodniczącym rady nadzorczej fabryki urządzeń okrętowych Expom SA. W 2014 r. utworzył w USA spółkę wydawniczą. Od 2019 r. skupia się przede wszystkim na jej rozwoju.

Inaczej o dobrym i mądrym życiu to książka o umiejętności stosowania strategii osiągania wartościowych celów. Autor opisuje 22 aspekty, które prowadzą do bycia mądrym. W jakim znaczeniu mądrym?

Mądry człowiek jest skupiony na działaniu ukierunkowanym na podnoszenie jakości życia, zarówno swojego, jak i innych. O tym jest ta książka: o byciu szczęśliwym, o poznaniu siebie, by zajmować się tym, w czym mamy największy potencjał, o rozwinięciu poczucia własnej wartości, które jest podstawowym czynnikiem utrzymywania dobrych relacji z samym sobą i innymi ludźmi, o byciu odważnym, wytrwałym, wnikliwym, entuzjastycznym, posiadającym optymalną wiarę w siebie, a także o byciu realistą.

Mądrość to umiejętność czynienia tego, co szlachetne. Z takiego podejścia rodzą się następujące czyny: nie osądzamy, jesteśmy tolerancyjni, życzliwi, pokorni, skromni, umiejący przebaczać. Mądry człowiek to osoba asertywna, wyznaczająca sobie pozytywne cele, ustalająca priorytety, planująca swoje działania, podejmująca decyzje i przyjmująca za nie odpowiedzialność. Mądrość to też zaufanie do siebie i innych, bycie zmotywowanym i posiadającym jasne wartości nadrzędne (do których najczęściej należą: miłość, szczęście, dobro, prawda, wolność).

Autor książki opisuje proces budowania mentalności bycia mądrym. Wszechobecna indoktrynacja jest przeszkodą na tej drodze. Jeśli jakaś grupa nie uczy tolerancji, przekazuje fałszywy obraz bycia zadowolonym człowiekiem, to czy można mówić o uczeniu się mądrości? Zdaniem autora potrzebujemy mądrości niemal jak powietrza czy czystej wody. W tej książce będziesz wielokrotnie zachęcany do bycia mądrym, co w rezultacie prowadzi też do bycia szczęśliwym i spełnionym.

Szczegóły dostępne na stronie:
www.andrewmoszczynski.com

Andrzej Moszczyński

Inaczej
o umiejętności
wyznaczania
i osiągania celów

2021

© Andrzej Moszczyński, 2021

Korekta oraz skład i łamanie:
Wydawnictwo Online
www.wydawnictwo-online.pl

Projekt okładki:
Mateusz Rossowiecki

Wydanie I

ISBN 978-83-65873-23-1

Wydawca:

ANDREW MOSZCZYNSKI
INSTITUTE

Andrew Moszczynski Institute LLC
1521 Concord Pike STE 303
Wilmington, DE 19803, USA
www.andrewmoszczynski.com

Licencja na Polskę:
Andrew Moszczynski Group sp. z o.o.
ul. Grunwaldzka 472
80-309 Gdańsk
www.andrewmoszczynskigroup.com

Licencję wyłączną na Polskę ma Andrew Moszczynski Group sp. z o.o. Objęta jest nią cała działalność wydawnicza i szkoleniowa Andrew Moszczynski Institute. Bez pisemnego zezwolenia Andrew Moszczynski Group sp. z o.o. zabrania się kopiowania i rozpowszechniania w jakiejkolwiek formie tekstów, elementów graficznych, materiałów szkoleniowych oraz autorskich pomysłów sygnowanych znakiem firmowym Andrew Moszczynski Group.

Ukochanej Żonie
Marioli

SPIS TREŚCI

Wstęp 9

Rozdział 1. Dlaczego nie umiemy wyznaczać celów? 13

Rozdział 2. Moje doświadczenia 17

Rozdział 3. Kryteria wyznaczania celów 21
   A. Cel powinien być szczegółowy 22
   B. Cel powinien być mierzalny 29
   C. Cel powinien być trafny 31
   D. Cel powinien być realistyczny 34
   E. Cel powinien być terminowy 36
   F. Cel powinien być ekscytujący 40
   G. Cel powinien być zapisany 43

Rozdział 4. Wyciąganie wniosków z sukcesów i porażek 49

Rozdział 5. Źródła inspiracji 53

Rozdział 6. Przykłady wyznaczania
i osiągania celów w różnych obszarach   57

Rozdział 7. Człowiek, którzy zasłynął
z maestrii w wyznaczaniu
i osiąganiu celów   67

Co możesz zapamiętać?   73

Bibliografia   75

O autorze   91

Opinie o książce   97

Dodatek. Cytaty, które pomagały
autorowi napisać tę książkę   101

Wstęp

Cel to stan, sytuacja lub obiekt, do którego dążymy. Wyznaczając sobie cele, decydujemy, co chcemy osiągnąć i dokąd chcemy zajść. Tym samym nadajemy swojemu życiu sens.
Wiemy, na czym powinniśmy się skoncentrować, aby zrealizować swoje zamierzenia. Angażując się tylko w te przedsięwzięcia, które wspomagają nas w dążeniu do celu, zyskujemy szansę na osiągnięcie spełnienia w życiu. U podstawy każdego celu leży jednak marzenie. Powinno być urzeczywistnione poprzez konkretne działania, a nie jakiś cudowny zbieg okoliczności. Cel to nie życzenie. Cel to coś, co chcemy osiągnąć. Z punktu widzenia prakseologii – nauki o skutecznym działaniu – cele mogą być zarówno zewnętrzne, jak i wewnętrzne; stopniowalne i niestopniowalne. Namalowanie obrazu, aby go

sprzedać i zarobić pieniądze, będzie celem zewnętrznym, ale namalowanie go dla przyjemności samego tworzenia jest celem wewnętrznym. Rozwijanie osobowości i pokonywanie kolejnych słabości to z kolei cele stopniowalne. Z kolei postawienie sobie za cel małżeństwa uznaje się za niestopniowalne (nie można częściowo zawrzeć związku małżeńskiego).

Techniki, które opiszę, na stałe goszczą i w gabinetach biznesmenów, i na sportowych salach treningowych. Są to rozwiązania uniwersalne. Przydają się w codziennym życiu, mogą być stosowane przez każdego człowieka bez względu profesję i dziedzinę, w której działa. Wyznaczanie celów jest bowiem kluczowym elementem planowania życia. Cele dają nam przekonującą wizję i długotrwałą motywację. Kształtują nasze marzenia i nadają kierunek życiu. Wyzwalają determinację i koncentrację, dzięki czemu jesteśmy w stanie przezwyciężać przeszkody. Wyznaczając cele i dążąc do ich osiągnięcia, rozwijamy się i stajemy się lepsi.

Zastanawiając się nad własnymi pragnieniami, uświadamiamy sobie, co jest dla nas naprawdę ważne. Gdy osiągamy cele, zyskujemy pewność siebie, wiarę we własne siły i poczucie kontroli nad swoim życiem. Potwierdzamy swoje zdolności i kompetencje, a także zdobywamy nowe umiejętności.

Rozdział 1

Dlaczego nie umiemy wyznaczać celów?

Temat rozpoznawania własnych celów traktuję bardzo osobiście. Od dziecka żyję ich wyznaczaniem i dążeniem do ich osiągnięcia.

Uważam, że nadaje to kierunek i sens egzystencji. W praktyce okazuje się, że częściej wiemy, czego nie chcemy, aniżeli czego chcemy. Nie chcę być dłużej nieszczęśliwy, nie chcę wykonywać tej znienawidzonej pracy, nie chcę tkwić w toksycznym związku – mówią ludzie. Jeśli jednak zapytamy ich, czego chcą, okaże się, że nie potrafią określić, na czym polega szczęście, jakiej pracy i jakiego związku chcą. Myślę, że część z nas, kierowana zniechęceniem i rozczarowaniem porażkami z przeszłości, świadomie rezygnuje z wyznaczania celów.

To zupełnie naturalne, że wolimy uniknąć bólu niepowodzenia i gorzkiego smaku przegranej. Ale nie powinno się to zmienić w paraliżujący aktywność lęk.

Ważne, by nieustannie pogłębiać wiedzę w tym zakresie. To da nam ogromną satysfakcję i wiarę w siebie.

Zanim jednak wyjaśnię, co konkretnie można zrobić, by dobrze wyznaczyć cel, chciałbym przestrzec cię przed zgubnym w skutkach działaniem, które choć jest ukierunkowane na cel, okazuje się ślepym podążaniem za nim – zamiast bowiem porządkować czynności, tylko osłabia naszą wolę. W filozofii konfucjańskiej istnieje pojęcie *ming*, tłumaczone jako działanie bez nagrody. Jeżeli cel nas zaślepia i za bardzo go pragniemy, nasze działania stają się powierzchowne i chaotyczne, a co za tym idzie – nie potrafimy go osiągnąć. Jeżeli natomiast zaplanujemy czynności i skupimy się wyłącznie na ich istocie oraz właściwym wykonaniu, to, paradoksalnie, mamy pewność, że ten cel osiągniemy. Wyobraź sobie, że musisz zdać ważny dla siebie egzamin. Wykładowca jest niezwykle wymagający, a w dodatku ma dobrą pamięć do twarzy. Omówił też z twoją grupą zasady egzaminu – będzie to test. Co robią niektórzy słuchacze? Przychodzą co prawda na wykłady, ale tylko po to, aby być zauważonym, i notują wyłącznie to, co można wypunktować (na pewno znajdzie się na teście). Tylko nieliczni skupiają się na treści wykładanego przedmiotu, systematycznie pracują i zadają pytania. W dniu egzaminu okazuje się, że wykładowca zachorował, egzamin przeprowadzi inna osoba i nie będzie to test. Cały wysiłek związany z chęcią bycia „zapamiętanym" i wybiórczym uczeniem się idzie więc na marne. Nietrudno się domyślić, kto zda ten egzamin – ci, którzy skupili się nie na celu, ale na działaniu: wnikliwym poznaniu treści. Podobne przykłady można mnożyć. Gdy gotujemy dla ważnej dla nas osoby, tak skupiamy się na wyniku naszych starań, że często zaniedbujemy dokładność receptur kulinarnych. Gdy kierowcy dojeżdżają do domów z długich tras, tak bardzo cieszą się na zbliżające się spotkanie z rodziną, że przez ostatnich 10 kilometrów zapominają o ostrożności – cel ich rozprasza. Planując cele, powinniśmy więc poświęcić tyle samo uwagi metodom ich osiągnięcia.

Rozdział 2

Moje doświadczenia

W 1994 roku w jednej z moich firm, zajmującej się wprowadzeniem na rynek kart rabatowych wówczas będących w Polsce nowością, pojawiło się wyzwanie zmotywowania handlowców do pracy na podstawie celów. Ustaliłem z nimi ogólne kierunki działania – i ze zdumieniem odkryłem, że nie potrafią przełożyć tego na konkretne zadania i samodzielnie zaplanować pracy. Postanowiłem więc sam określać wszystkim pracownikom cele i sposoby ich osiągania.

Mimo że wyznaczyłem bardzo konkretne zadania – określiłem liczbę potencjalnych klientów, których miał odwiedzić każdy handlowiec, a także liczbę umów, które należało podpisać – efektów nie było. Choć pracownicy dokładnie wiedzieli, do czego powinni dążyć, wyznaczali sobie mgliste cele wyrażone demobilizującymi sformułowaniami typu: „postaram się podpisać nie mniej niż 5 umów", „postaram się podpisać 40 umów". Zrozumiałem, że wspólnie musimy się uczyć wyznaczania realnych celów.

Ta sytuacja nauczyła mnie, że ludzie mogą myśleć o celach inaczej niż ja. Gdy przyjmowałem nowych pracowników, zupełnie inaczej tłumaczyłem im istotę ich pracy. Nowi handlowcy, z bardzo jasno i precyzyjnie określonymi zadaniami – zarówno jakościowymi, jak i ilościowymi zadaniami, zaczęli je po pewnym czasie realizować.

Była to jedna z ważniejszych lekcji, jakie otrzymałem w życiu. Kolejną stało się przystąpienie do sprzedaży kart rabatowych finalnym użytkownikom. Rozpocząłem tę działalność w mieście liczącym około 170 tys. mieszkańców. Moim celem było sprzedanie kart 10 procentom mieszkańców. Początkowo wszystko szło opornie. Sprzedawaliśmy po kilkaset sztuk na miesiąc. Sprzedaż ruszyła dopiero, gdy rozwinęliśmy pomysł skierowania oferty nie tylko do klientów indywidualnych, ale także do różnych firm i instytucji, które zaczęły zamawiać karty dla pracowników czy klientów, aż wkrótce jednorazowo kupowały od nas po kilkaset. Przekonaliśmy do współpracy wiele firm, a każda kolejna podnosiła wiarygodność i renomę naszej inicjatywy. O powodzeniu zdecydował zapewne także fakt, że na rewersie kart umieszczaliśmy reklamę danej firmy. W niespełna dwa lata sprzedaliśmy 17 tys. kart. Udało nam się osiągnąć założony cel, mimo że wielu moich współpracowników już po pierwszych niepowodzeniach chciało się poddać. Nie uległem jednak tym negatywnym nastrojom. Nauczyłem się wówczas, żeby nie rezygnować z ambitnych dążeń nawet w obliczu piętrzących się problemów. Przeciwnie: im większe wyzwanie stanowi dany cel, tym większą satysfakcję daje jego osiągnięcie. Należy jednak spełnić jeszcze jeden warunek: cel powinien być realny, czyli możliwy do osiągnięcia. W przeciwnym razie, nawet przy maksymalnym zaangażowaniu, można ponieść klęskę i srogo się rozczarować, co skutecznie zniechęca do podejmowania kolejnych wyzwań.

Rozdział 3

Kryteria wyznaczania celów

Aby prawidłowo sformułować cel, powinniśmy poznać podstawowe zasady ich wyznaczania. Zostały one zdefiniowane w postaci tzw. metody SMART lub SMARTER. Nazwa jest akronimem angielskich słów: *specific, measurable, achievable, relevant, timely defined, exciting, recorded*. Innymi słowy – dobry cel powinien być: szczegółowy, mierzalny, realistyczny, trafny, terminowy, ekscytujący i zapisany. W polskiej literaturze stosuje się także zasadę 5M: **m**ierzalny, **m**obilizujący, **m**ożliwy do osiągnięcia, **m**ający określony termin, **m**ożliwie precyzyjny). Od siebie dodam jeszcze jedno kryterium: cel powinien być pozytywny, czyli sformułowany zgodnie z zasadą „czego chcę", a nie: „czego nie chcę". Poniżej wytłumaczę, jak zastosować te reguły w praktyce.

A. Cel powinien być szczegółowy

Przedmiot naszych dążeń musi być na tyle jasno i precyzyjnie określony, żeby łatwo było zaplanować, jak i kiedy go osiągnąć. Należy opisać sytuację wyjściową oraz docelową. Posłużmy się przykładem. Przypuśćmy, że chcę zacząć dbać o zdrowie. Jeśli jednak sformułuję to postanowienie w ogólny sposób, prawdopodobnie nigdy nie zacznę go wprowadzać w życie. Najpierw powinienem określić, co konkretnie oznacza dla mnie dbanie o zdrowie (przedstawiam to w punktach):
- przejście na mniej kaloryczną dietę zawierającą więcej warzyw i owoców, mniej mięsa i makaronów, całkowita rezygnacja z fast foodów,
- zadbanie o odpowiednio długi sen, czyli minimum 7 godzin,
- zminimalizowanie używek – kawy i alkoholu,
- rozpoczęcie regularnych ćwiczeń na siłowni, minimum 2 razy w tygodniu po półtorej godziny,

- odbywanie kontrolnych wizyt lekarskich i wykonywanie niezbędnych badań raz na pół roku.

Żeby ustanowić konkretny cel, należy odpowiedzieć sobie na 6 podstawowych pytań (w języku angielskim określa się je jako 6W: *who?*, *what?*, *where?*, *when?*, *which?*, *why?*):

1. Kto jest związany z celem? Czy dotyczy on tylko mnie, czy też muszę w jego osiąganie zaangażować także inne osoby?
2. Co chcę osiągnąć? Jaka konkretna sytuacja lub stan będą oznaczały, że dotarłem do celu?
3. Od czego powinienem zacząć? Gdzie jestem obecnie i dokąd chcę się dostać?
4. Kiedy rozpocznę realizację planu i na kiedy przewiduję jego osiągnięcie?
5. Jakie wymagania i ograniczenia wiążą się z osiąganiem tego celu?
6. Dlaczego chcę osiągnąć ten cel i jakie korzyści z tego odniosę?

Odpowiedzmy sobie na tych sześć podstawowych pytań.

Ad 1. Oczywiście większość wysiłku spoczywa na moich barkach. Jednak ponieważ mam rodzinę, a mój cel ingeruje w styl i tryb życia, jaki do tej pory prowadziłem, wywrze to wpływ także na innych jej członków. Będę więc musiał uzyskać ich zrozumienie i wsparcie. Powinienem również skorzystać z pomocy specjalistów, np. lekarza, dietetyka i trenera.

Ad 2. Cel uznam za osiągnięty, gdy będę realizował założenia zawarte w pięciu punktach precyzyjnie go określających. Będę mógł sobie pogratulować dopiero wtedy, gdy na stałe zmienię dietę, będę się wysypiał, zminimalizuję spożycie kawy i alkoholu oraz będę regularnie ćwiczył i odwiedzał lekarza.

Ad 3. Moim zdaniem najskuteczniejsze będzie rozpoczęcie wprowadzania zmian od ograniczenia używek oraz odbywania regularnych wizyt u lekarza. Już samo zminimalizowanie spożycia kawy i alkoholu doda mi energii, a wizyta u lekarza pomoże określić obecny stan zdrowia i, co za tym idzie, najodpowiedniejszą dietę i formę ćwiczeń.

Ad 4. Realizację zadania mam zamiar zacząć od jutra i daję sobie rok na pełne wprowadzenie w życie swoich postanowień.

Ad 5. Pewną przeszkodę mogą stanowić moi znajomi, wśród których wielu prowadzi zdecydowanie niezdrowy tryb życia. Przebywając w ich towarzystwie, mogę być wystawiany na silną pokusę złamania niektórych postanowień. Postaram się jednak wpłynąć na nich pozytywnie własnym przykładem. Zamiast rezygnować z ich towarzystwa, spróbuję zachęcić ich do spędzania czasu w zdrowszy sposób. Z niektórymi być może będę musiał przestać się spotykać, ale w zamian planuję nawiązać nowe znajomości, np. na siłowni czy w barze ze zdrową żywnością.

Ad 6. Chcę osiągnąć swój cel, ponieważ zależy mi na długim życiu przy jednoczesnym zachowaniu sprawności i zdrowia. Pragnę widzieć, jak dorastają moje dzieci, a potem wnuki. Do końca czasu, jaki został mi dany, chcę korzystać z życia i czerpać z niego pełnymi garściami. Zależy mi na dobrym samopoczuciu i formie fizycznej, abym mógł robić wszystko, na co przyjedzie mi ochota. Po przejściu na emeryturę zamierzam dużo podróżować, a do tego potrzebna jest mi sprawność i kondycja. Chcę zminimalizować ryzyko zachorowania na ciężkie choroby, np. chorobę wieńcową czy raka. Zwiększę swoje szanse na długie, zdrowe i aktywne życie.

Dzięki precyzyjnemu określeniu celu wiara w możliwość jego osiągnięcia staje się silniejsza. W ten sposób pobożne życzenia zamieniają się w prawdziwe i głębokie pragnienia, które nadają sens życiu. Zacytuję tutaj stare buddyjskie przysłowie: Kto chce, szuka sposobu, kto nie chce, szuka powodu. Czy zdarza ci się, czasem niemal obsesyjnie, rozmyślać o obiekcie swoich pragnień? Jeśli stanie się on sensem twojej egzystencji – dążąc do niego, będziesz czuł, że w pełni korzystasz z życia. Natomiast jeśli jedynie sobie czegoś życzysz, zwykle brakuje ci zdecydowania, determinacji i gotowości do poświęceń. Wymyślasz preteksty, by nic w tym kierunku nie robić. Za takimi życzeniami zazwyczaj nie idą konkretne działania, a cel na zawsze pozostaje w sferze mrzonek.

Jedną z korzyści wyznaczania konkretnych celów jest wzmocnienie zaufania do samego siebie. Zyskasz poczucie, że możesz na sobie polegać. Wykształcisz w sobie zdolność do podejmowania i utrzymywania ukierunkowanego wysiłku. Rozwiniesz wyobraźnię. Wyznaczanie precyzyjnych celów sprzyja także dążeniu do zdobywania specjalistycznej wiedzy, bo kluczem do pokonywania przeszkód jest perfekcyjne przygotowanie merytoryczne. Najważniejsze jest jednak to, że pojawią się przed tobą niezliczone, wspaniałe okazje i możliwości do wykorzystania. Na każdym kroku ze zdumieniem i radością zaczniesz odkrywać całkiem nowe, nieznane ci dotąd sposoby na osiągnięcie tego, do czego dążysz. Być może już to przeżyłeś – w takim razie doskonale wiesz, o czym piszę.

Ja doświadczyłem tego, pracując dla pewnej firmy specjalizującej się w sprzedaży bezpośredniej. W 1992 roku postanowiłem w określonym czasie dołączyć 50 osób do mojej sieci marketingu bezpośredniego. Gdy precyzyjnie opisałem ten cel, nagle zacząłem zauważać wiele możliwości, które pozwoliłyby mi go osiągnąć. Działałem z wielką odwagą i pewnością siebie, chociaż wcześniej brakowało mi tych cech. W ten sposób przekonałem się o skuteczności metody precyzyjnego wyznaczania celów i potem z powodzeniem stosowałem ją do każdego innego wyzwania. Na początku swojej drogi zawodowej postanowiłem, że w ciągu roku kupię luksusowy samochód. Określiłem jego markę, rok produkcji, kolor, pojemność silnika oraz inne parametry (peugeot 605 V6, jasna skóra, automatyczna skrzynia biegów, czarny, rok produkcji: 1993). Moja żona mi nie dowierzała i trudno się jej dziwić: cena samochodu stanowiła równowartość naszych kilkuletnich zarobków. Ja jednak tak sugestywnie wizualizowałem ten cel, że wyobrażałem sobie, wręcz czułem, jak prowadzę to piękne auto. Czy mi się udało? Po 17 miesiącach pojechałem do Francji po mój wymarzony samochód. Kupiłem za gotówkę dwuletniego peugeota. Co prawda zajęło mi to trochę więcej czasu, niż początkowo planowałem, ale mimo to raz na zawsze uwierzyłem w skuteczność precyzyjnego i jasnego wyznaczania celów. Zasada ta sprawdza się w moim życiu zawsze i uważam, że precyzyjne cele są podstawą ich osiągania.

B. Cel powinien być mierzalny

Dobry cel powinien dać się wyrazić w liczbach albo przynajmniej mieć jakieś kryteria, według których można określić, czy zbliżamy się do jego osiągnięcia. Jeśli twoim celem jest schudnięcie o 10 kilo, to sprawa jest oczywista. Równie łatwo określić ilość pieniędzy, które chcesz zebrać, albo liczbę kilometrów, które masz przebiec każdego dnia. Zastanów się, jak zmierzyć mniej policzalne wartości. Ważne, by na tym etapie mieć już precyzyjnie określony cel. Nie uda się zmierzyć ogólnego życzenia bycia szczęśliwym, należy więc zdefiniować, czym jest dla nas szczęście. Wróćmy jednak do przykładu dotyczącego zdrowia. Wyżej określiłem już, jak rozumiem

dbanie o nie. Teraz spróbuję zdefiniować kryteria, na podstawie których będę mógł ocenić, czy rzeczywiście realizuję swój plan. Zakładam zatem, że będę zadowolony, jeśli w ciągu pierwszych trzech miesięcy uda mi się:
- odwiedzić lekarza oraz wykonać wszystkie zalecone przez niego badania,
- opracować wraz z trenerem odpowiedni plan ćwiczeń i uczestniczyć w treningach 2 razy w tygodniu po półtorej godziny,
- opracować odpowiednią dietę i zacząć ją stosować w codziennym żywieniu (dodatkowo zakładam, że nie będę w ogóle jadł po godzinie 18.00, a na pizzę i fast foody pozwolę sobie raz w miesiącu;
- ograniczyć spożycie kawy do jednej filiżanki dziennie, a na alkohol pozwolić sobie jedynie przy okazji dużych imprez i uroczystości (i jednorazowo nie wypić więcej niż 1 piwa lub 2 kieliszków wina),
- wykorzystywać minimum 7 godzin dziennie na sen, nie zarywać nocy, imprezując, oglądając filmy lub pracując.

Na kolejne trzy miesiące mogę opracować następne kluczowe punkty, których osiągnięcie będzie dla mnie miarą zbliżania się do wyznaczonego celu. W ten sposób można obiektywnie ocenić, czy rzeczywiście realizuję swój plan. Kiedy cele są mierzalne, łatwiej jest nam także podejmować decyzje, ponieważ dokładnie wiemy, czego chcemy, i jak możemy to osiągnąć.

C. Cel powinien być trafny

Trafność oznacza, że cel powinien być jednocześnie ambitny i dobrany w taki sposób, aby nie zniechęcał nas stopniem trudności. Jeśli jest zbyt łatwy, to nie stanowi dla nas wyzwania i nie mobilizuje do pracy; jeśli z kolei jest zbyt wygórowany – może kompletnie zniechęcić do wysiłku. Niektórzy mają tendencję do wyznaczania zbyt łatwych celów, gdyż boją się porażki albo są leniwi. Powinniśmy określać je tak, aby były trochę powyżej naszych obecnych możliwości, ale nie na tyle, żebyśmy stracili nadzieję na ich osiągnięcie. Wiąże się to z koniecznością poznania siebie oraz swoich mocnych i słabych stron.

Zamierzenie powinno być zgodne z nadrzędnymi wartościami. Nie powinniśmy dążyć do osiągania celów, którym trzeba poświęcić jakąś ważną dla nas wartość. Nie można na przykład postanowić, że w ciągu 5 lat zostanie się dyrektorem generalnym firmy, gdy ma się poważnie chorą żonę i piątkę dzieci, które potrzebują czasu i uwagi. Tych dwóch rzeczy po prostu nie da się pogodzić i trzeba mieć tę świadomość. Jeśli masz kilka różnych celów, które nie stoją ze sobą w sprzeczności, przyporządkuj im priorytety. W ten sposób unikniesz uczucia przytłoczenia przez zbyt wiele zadań i skierujesz uwagę na cele najważniejsze z punktu widzenia twoich kluczowych wartości.

Można na przykład dążyć do zdobycia podwyżki lub awansu, ale jednocześnie być dobrym mężem i ojcem. Dlatego powinniśmy tak planować działania w obu sferach, by jedna z nich miała pierwszeństwo nad innymi.

Stawianie sobie zbyt wygórowanych wymagań może przerodzić się w perfekcjonizm, który sprzyja nasilaniu się stresu. Niektórzy naukowcy twierdzą, że taka postawa może powodować zaburzenia trawienia, depresję, skutecznie odebrać nam chęć do życia. Perfekcjonista nie dopuszcza do siebie myśli o popełnieniu błędu, wyznacza sobie najwyższe standardy i nigdy nie jest z siebie zadowolony. Chce być idealnym ojcem, idealnym pracownikiem, idealnym mężem i czuje się szczęśliwy, gdy wydajnie pracuje. Kiedy jednak okazuje się, że jego wysiłki idą na marne, że nie jest w stanie przez dłuższy czas działać na najwyższych obrotach we wszystkich obszarach życia – popada we frustrację.

Wymagania i cele muszą być dopasowane do realiów, a planowanie powinno uwzględniać wszystkie istotne czynniki mające wpływ na realizację planów. Pomocne przymioty to pokora i skromność, które pozwalają realnie oceniać własne ograniczenia, bo źródłem rozczarowania bywają często sprawy zupełnie od nas niezależne, np. nasz wiek czy stan zdrowia.

D. Cel powinien być realistyczny

Aby cel w ogóle miał sens, musi być realny – to znaczy, że powinniśmy wierzyć, że uda się go osiągnąć. Tylko możliwe do zrealizowania dążenia nas dowartościowują, pozwalają nam pokonywać niemal wszelkie przeszkody i szybko podnosić się po porażkach, a także eliminują zgubne nawyki: niezdecydowanie i odkładanie wszystkiego na później. Należy także brać pod uwagę koszty, jakie trzeba ponieść; dobrze jest zastanowić się (i zapisać), jakie konsekwencje się z tym wiążą. Jeśli planujesz rozwój kariery zawodowej, zapewne zechcesz poświęcić mu część swojego czasu i być może zdajesz sobie sprawę, że odbędzie się to kosztem rodziny. Niekiedy cel wymaga innych poświęceń, np. zmiany pracy czy miejsca zamieszkania – musisz wówczas mieć świadomość, że tego typu kompromisy bywają nieuniknione. Właśnie z tych powodów możesz w pewnym momencie poczuć, że nie podołasz wyzwaniu. Zamiast się załamywać, po prostu przedefiniuj cel, by stał się możliwy do osiągnięcia w danych okolicznościach. Bywa, że decydujemy się na podjęcie jakiegoś wyzwania pod wpływem rodziny, mediów czy jakiejś innej presji społecznej. Wyznaczone w ten sposób cele będą nierealistyczne niejako z założenia, ponieważ nie uwzględniają naszych prawdziwych dążeń, preferencji, pragnień i ambicji. Błędem jest też wyznaczanie sobie zbyt trudnych, nieosiągalnych na danym etapie życia wyzwań.

Wynika to z naiwności, ale też z braku pokory, gdy bagatelizujemy przeszkody albo nie zdajemy sobie sprawy z tego, jak wiele umiejętności powinniśmy opanować, aby osiągnąć swój cel. Przyznaję, że przez długie lata moją słabością była naiwność i często zbyt optymistycznie traktowałem kolejne wyzwania.

Wyznaczajmy cele, których osiągnięcie zależy głównie od nas. Nie ma nic bardziej zniechęcającego niż porażka spowodowana czymś, na co zupełnie nie mamy wpływu, np. dekoniunkturą biznesową, złą pogodą, wypadkiem. Jeśli opieramy cele na własnych umiejętnościach i działaniach, możemy mieć nad nimi kontrolę i czerpać z nich satysfakcję.

E. Cel powinien być terminowy

Cele powinny mieć konkretnie określoną datę rozpoczęcia i zakończenia. Trzeba być bardzo zasadniczym i bezwzględnie wyznaczyć sobie sztywne ramy czasowe, np. rozpoczęcie 1 maja 2020 roku, a zakończenie 31 grudnia 2023 roku. Powtarzanie, że coś zacznie się jutro, a zakończy za rok, najczęściej powoduje ciągłe odsuwanie terminu. Konkretną datę trudniej jest tak po prostu zmienić.

Powinniśmy planować w różnych perspektywach czasowych. Odpowiedz sobie na pytanie: „co chcę robić za rok, za pięć, dziesięć, dwadzieścia lat?". Na tej podstawie wyznacz cele krótkoterminowe i długoterminowe. Podziel je na mniejsze, pośrednie, i określ terminy ich osiągnięcia. Dzięki temu będziesz mógł śledzić postępy. Na bieżąco analizuj, kontroluj i weryfikuj plany, nie zapominając przy tym o bieżących i codziennych sprawach. Konieczne jest wypracowanie w sobie systematyczności.

Nie powinno się odwlekać realizacji poszczególnych części składających się na finalne zamierzenie – prowadzi to do nagromadzenia się zadań, co z kolei wywołuje poczucie przytłoczenia i stres. Z analiz psychologów wynika, że często zaniżamy nakład czasu, wysiłku lub kosztów koniecznych do osiągnięcia celu. Warto wziąć sobie to do serca i gruntownie przemyśleć, formułując założenia i tworząc plany.

Podstawową sprawą jest wygospodarowanie czasu na ważne dla nas zadania, które zaniedbujemy właśnie z powodu nawału codziennych zajęć. Dobrym pomysłem jest wyznaczenie sobie 30–60 minut dziennie, które zamiast na oglądanie telewizji czy granie na komputerze, jak do tej pory, przeznaczymy na tę dodatkową pracę. W ciągu roku daje to aż 180–360 godzin! Podczas wykonywania bieżących zadań nie należy zapominać o planach długoterminowych – nie wolno tracić z oczu nadrzędnych życiowych celów i stać się niewolnikiem codzienności.

Do celu, którego osiągnięcie zajmuje kilka lat, powinno się zmierzać stopniowo, wyznaczając tzw. cele pośrednie, czyli dzielić działania na mniejsze etapy. W ten sposób łatwiej jest skupić się na konkretnych posunięciach i oceniać postępy. To bardzo stymulująca metoda – uczy wytrwałości i pozwala ciągle mieć przed oczami efekt, do którego dążymy. Jeśli zabraknie nam małych sukcesów, łatwo się zniechęcimy, rozczarujemy, popadniemy we frustrację. Sam regularnie doświadczałem, i nadal doświadczam, zniechęcenia, ale staram się pamiętać, że to stan przejściowy, który mija równie szybko i niespodziewanie, jak się pojawił. Pamiętajmy, że po burzy zawsze wychodzi słońce. Pomagają nam w tym drobne sukcesy. Osiąganie celów daje pozytywną energię i zwiększa samoocenę. Ludzie to jedyne istoty na ziemi, które mogą snuć marzenia i je spełniać.

Wyznaczania celów nie powinno się odkładać. Trzeba zrobić to tu i teraz. Nie pozwólmy, by życie przeciekało nam przez palce. Nie ma chyba nic bardziej przygnębiającego niż zorientowanie się w wieku pięćdziesięciu lat, że nigdy nawet nie spróbowaliśmy spełnić własnych pragnień. Nie pozwól, by i ciebie kiedyś dopadło takie uczucie. Wyznaczanie celów jest niezbędne do życia tak samo jak tlen. Wiem, że nie chciałoby mi się rano wstawać z łóżka, gdybym nie miał przed sobą żadnych wyzwań. Cele nadają ludzkiej egzystencji sens, czynią ją wartościową i pełną przygód. Właśnie to motywuje mnie do działania, nie chcę marnować czasu. Zauważyłem też, że osoby starsze, które nadal wyznaczają sobie nowe cele, dłużej zachowują sprawność fizyczną i umysłową oraz są optymistyczniej nastawione do życia.

Bardzo łatwo jest wpaść w wir codziennego życia i wypełnić czas rozmaitymi działaniami. Jesteśmy wtedy bardzo zajęci. Czasem jednak zastanawiamy się, czy to, co robimy, przybliża nas do jakiegokolwiek celu, czy może jest wyłącznie pozbawioną sensu gorączkową bieganiną. Jeśli nie wyznaczamy celów i nie planujemy sposobów ich osiągnięcia, nie możemy dobrze i efektywnie wykorzystać danego nam czasu, marnujemy go. Tak mija dzień za dniem, tydzień za tygodniem, w końcu rok za rokiem, a my nadal nie ruszamy z miejsca i się nie rozwijamy.

F. Cel powinien być ekscytujący

Obiekt naszych dążeń nie może być nam obojętny. Najlepiej motywuje wyobrażenie, czyli jego pociągająca i przekonująca wizja. Pamiętaj, że cele zmieniają się wraz z etapami dojrzewania człowieka. Wyznaczaj je regularnie, aby stymulować rozwój własnej osobowości. Jeśli jakieś zamierzenia przestały cię pociągać i ekscytować, zapomnij o nich i jak najszybciej pomyśl o nowych. To cel jest dla ciebie, a nie odwrotnie – powinien zatem dawać ci przyjemność i satysfakcję.

Pamiętam dokładnie, jak marzyłem, by móc wygłosić wykład biblijny, przemówić do szczerych, spragnionych wiedzy ludzi. Miałem wtedy chyba 17 lat. Chodziłem na spotkania, na których zgłębialiśmy istotę sensu życia. Obserwowałem innych mówców. Prelegenci zachęcali do pracy nad sobą, zmiany nastawienia, obrania celów, które pomogą stać się lepszym człowiekiem.

Początki mojej przygody z przemawianiem nie były łatwe. Uczyłem się podstaw – kontaktu wzrokowego z audytorium, pobudzania słuchaczy pytaniami retorycznymi albo używania stosownych przykładów i wielu innych przydatnych umiejętności. Jednak dopiero po mniej więcej trzech latach miałem okazję wygłosić pierwszy 45-minutowy wykład przed audytorium liczącym około 100 osób. Miałem mówić o radości, o tym, jak ją rozwijać i spowodować, by stała się nawykową postawą na całe życie. Byłem tak podekscytowany, że o niczym innym nie myślałem. Miałem 3 miesiące na przygotowanie materiału.

Wcześniej moje najdłuższe wystąpienie trwało 5 minut, a teraz miałem aż 900 procent więcej czasu do dyspozycji. Miotały mną różne uczucia, modliłem się do Boga o siły, o pomoc w przygotowaniu się, tak aby słuchacze zrozumieli, czym jest radość, skąd się bierze, jakie przeszkody mogą utrudniać jej okazywanie. Wiedziałem, że muszę podać kilka przykładów, które pomogą zapamiętać główne myśli. Najintensywniej myślałem o tym, jak przekonać ludzi, by skupiali się na tym, co w życiu mają, a nie na tym, czego im brak. Spędziłem około 90 godzin, wnikliwie wszystko analizując, chciałem bowiem dogłębnie poznać temat. Dużą część czasu poświęciłem na opracowanie sposobu przeprowadzenia wykładu. Czułem, że jeszcze nie jestem gotowy, że nie nadszedł mój czas, że nie dam rady, że nie przykuję uwagi słuchaczy. Stres mnie paraliżował, pokonanie lęku było dużym wyzwaniem. Nie wierzyłem, że mogę mówić zajmująco przez 45 minut. Aby zminimalizować strach, postanowiłem nauczyć się treści wykładu na pamięć, ale okazało się, że to nie był dobry pomysł. Miałem chwile zwątpienia i chciałem nawet zrezygnować, jednak coś w środku zagrzewało mnie i motywowało, aby jednak wystąpić. Czułem, że może to być początek ciekawej drogi. Na szczęście, kiedy stanąłem naprzeciwko setki ludzi i powiedziałem pierwszych kilka zdań, poczułem, że sobie poradzę; zdałem sobie sprawę, że przemawianie stanie się moją wielką pasją.

W głębi serca zawsze wiedziałem, że ludzi nie należy traktować protekcjonalnie, trzeba mówić do nich w taki sposób, aby nie czuli się pouczani – coś mi podpowiadało, że potrafię właśnie tak zwracać się do słuchaczy. W każdym razie pragnienie, aby zostać dobrym mówcą i wygłaszać inspirujące wykłady, było we mnie bardzo silne. Czułem, że pomaganie innym, bycie nauczycielem może okazać się moją życiową drogą. Od tego czasu wygłosiłem około 400 przemówień (od 5 do 20 minut) i około 250 wykładów (od 30 do 45 minut). Nadal, kiedy staję przed audytorium, czuję ogromną radość, że dane mi jest właśnie tak służyć innym, choć oczywiście nie oznacza to, że jestem mówcą doskonałym – nadal walczę z różnymi blokadami i nawykami. Publiczne wystąpienia chyba już zawsze będą dla mnie życiowym wyzwaniem.

G. Cel powinien być zapisany

Przelanie myśli na papier działa na umysł i serce. Jednak aby móc coś zapisać, trzeba to najpierw świadomie przeanalizować. Wyznaczanie celów zaczyna się od refleksji i oceny bieżącej sytuacji, aby następnie określić tę, do której chcemy dążyć. Spisywanie celów odgrywa bardzo ważną rolę w ich planowaniu i osiąganiu. Mglisty pomysł, który jawi się jako mniej lub bardziej rozmyty obraz, może nabrać wyraźnych kształtów, gdy ubierzemy go w precyzyjne słowa. Dobrze jest, gdy dysponujemy bogatym zasobem słownictwa i używamy wielu synonimów. Taki opis inspiruje. Jeśli jednak czujesz, że twoje słownictwo nie jest zbyt rozwinięte lub, co gorsza, zostało oparte na negatywnych sformułowaniach, powinieneś popracować nad jego rozszerzeniem i wzbogaceniem o słowa pozytywne. Jednym z kardynalnych błędów przy wyznaczaniu celów jest mówienie „postaram się" zamiast „zrobię to". O ile pewniej brzmi to drugie stwierdzenie! Podobnie ma się słowo „muszę" do słowa „chcę". Dostrzegasz różnicę ładunku emocjonalnego tych dwóch czasowników? W drugim drzemie znacznie większa siła niż w pierwszym. Słownictwo, jakiego używasz, powinno nieść pozytywne przesłanie, ale powinieneś także zadbać o precyzję i jednoznaczność wypowiedzi.

Zapisanie celu spełnia kilka funkcji. Po pierwsze: nie zapomnimy o nim. Zapisanie motywuje do osiągnięcia zmierzenia: w razie trudności czy ogarniającego nas lenistwa nie możemy udawać, że nigdy nie istniało. Zapisanie celu pozwala także zastanowić się, czy naprawdę tego pragniemy.

Odkrywamy jasne i ciemne strony własnych planów oraz koszty, jakie możemy ponieść, realizując je. Odrabiając tę lekcję, odpowiadamy sobie także na następujące pytania:
- Jakie są moje życiowe cele i co jest dla mnie ważne?
- Jakie wartości są dla mnie najważniejsze i co oznaczają w praktyce?
- Co jest moją życiową pasją? Jak mogę przenieść ją na inne płaszczyzny życia, np. na grunt zawodowy?
- Jakie są moje mocne strony? W jaki sposób mogę z nich korzystać?
- Jakie są moje słabe strony i ograniczenia? Jak mogę dążyć do rozwoju w tych dziedzinach?

Zastanawiając się nad swoimi celami i sposobami ich osiągania, bardzo często najpierw dostrzegamy przeszkody. Warto zapisać te wątpliwości i pomyśleć o ich prawdziwym znaczeniu. Można także poradzić się autorytetów i ekspertów, zamiast sugerować się opiniami osób tylko pozornie kompetentnych. Jak odróżnić rzetelną sugestię od nieodpowiedzialnych osądów? Nie jest to łatwe. Dlatego najlepszym sposobem jest zasięganie porad tylko cieszących się dobrą opinią specjalistów, lektura rzetelnych poradników i biografii osób uznanych powszechnie za wybitnych ekspertów. Wystarczy poszperać w Internecie, udać się do biblioteki, podpytać życzliwych ludzi o kogoś, kto mógłby pomóc. Analizując pojawiające się przeszkody, zdobywamy też wiedzę o tym, jakie umiejętności i informacje powinniśmy mieć zdobyć oraz jakie warunki spełnić, aby osiągnąć cel. Bierz też pod uwagę inne czynniki, które leżą w zakresie Twoich kluczowych wartości. Realizując plan zawodowy nie możesz zapominać o rodzinie, przyjaciołach czy innych zobowiązaniach, które są dla Ciebie ważne. Powinieneś uwzględnić w nim czas i uwagę, które chciałbyś poświęcić każdemu z ważnych aspektów twojego życia. Nie warto dążyć do celu kosztem zaniedbywania siebie lub innych.

Wszystkie cele na dany rok zapisywałem do roku 2015 w kieszonkowym kalendarzu, który miałem zawsze przy sobie.

Od 2016 robię to w specjalnym notatniku w telefonie. Dokładniej opisuję swoje zamierzenia w specjalnych zeszytach. Używam ich także do analizowania stopnia realizacji danego planu. Warto, abyś założył osobny notatnik poświęcony celom, które sobie wyznaczyłeś. Zrób to od razu, najlepiej jeszcze dziś.

Rozdział 4

Wyciąganie wniosków z sukcesów i porażek

Kiedy już osiągniesz cel, nie umniejszaj jego wagi. Pozwól sobie choć na kilka chwil niczym nieskrępowanej radości.

W końcu po dniach, tygodniach, miesiącach czy latach dotarłeś tam, dokąd tak wytrwale podążałeś. Czyż nie należy ci się nagroda, zwłaszcza gdy wymagało to wielu wyrzeczeń? Wartością dodaną stają się także postępy, które poczyniłeś, i nowe umiejętności, jakie nabyłeś. Wyciągnij odpowiednie wnioski z minionych wydarzeń. Jeśli osiągnąłeś cel zbyt łatwo, następnym razem postaw poprzeczkę wyżej. Jednak gdy kosztowało cię zbyt dużo czasu, wysiłku i poświęceń – następny cel uczyń nieco łatwiejszym. Mogło się też zdarzyć, że przez ten czas zmieniły się twoje wartości lub ważne poglądy. Wówczas zmodyfikuj swoje dalsze plany. Gdy w procesie dążenia do celu zauważyłeś u siebie brak pewnych umiejętności, nie wahaj się nad nimi pracować. Na koniec najważniejsze: czyli twój stosunek do porażek. Zachęcam cię, abyś nie odbierał ich osobiście. Niepowodzenie łatwo możesz przekuć w sukces, o ile czegoś się nauczyłeś. Wyciągnij wnioski z niepowodzeń i wykorzystaj je przy kolejnych przedsięwzięciach.

Sięgnę po kolejny przykład z mojego życia. W pewnym momencie zdecydowałem się na sprzedaż jednej z moich firm, która przestała dobrze funkcjonować. (było to w 2003 roku).Wiedziałem wówczas, że przywrócenie jej dawnej prosperity ugodziłoby w moje nadrzędne wartości. Musiałbym to robić kosztem rodziny – a ta wartość była mnie bardzo ważna. Dlatego też zdecydowałem się na sprzedanie firmy, nawet poniżej jej wartości określonej przez znaną firmę audytorską. Była to w pewnym sensie porażka, ale wiele mnie ona nauczyła. Po raz kolejny przekonałem się, co jest dla mnie najważniejsze oraz jakich błędów i posunięć powinienem unikać w przyszłości.

Jakieś 3 lata później bardzo dokładnie przeanalizowałem, co wtedy robiłem dobrze, a co źle. Doszedłem do wniosku, że pozwoliłem na zbyt szybki rozwój firm.

Błędem było powierzenie nowym dyrektorom działów kompetencji w zakresie procedury zatrudniania, która była nazbyt uproszczona: została zredukowana do jednej rozmowy składającej się z kilku pytań, po której zapadała decyzja o zaoferowaniu danej osobie posady. Dochodziło także do zatrudniania „po znajomości". Niestety, zlekceważyłem to. W efekcie na przykład nowy dyrektor finansowy w krótkim czasie zatrudnił dwie księgowe, które – jak się potem okazało – nie miały wystarczających kompetencji, by wykonywać powierzone im zadania. Miedzy innymi nie były zbyt dokładne, a ich organizacja pracy pozostawiała wiele do życzenia. Przez to miałem wrażenie, że ten dział ma dużo zadań i że konieczne jest ciągłe zatrudnianie nowych osób. Jeszcze przed sprzedaniem 100% udziałów spółki dokonałem rewolucji w tym dziale i poprosiłem zarząd firmy, aby przedstawił mi raport z uwzględnieniem nowych rozwiązań.

Okazało się, że księgowość może być z powodzeniem prowadzona na zewnątrz firmy. Renomowane biuro rachunkowe bez problemu poradzi sobie z zadaniami, a my oszczędzimy czas i środki. Inny wniosek dotyczył sprawy koncentrowania się na silnych stronach firmy i budowania jej przewagi rynkowej, a więc na marketingu i sprzedaży. W innych stworzonych przeze mnie firmach zwracałem na te kwestie szczególną uwagę. Teraz każde nowe przedsięwzięcie zaczynam właśnie od tego, co umiem robić najlepiej, a wszystkie pozostałe zadania – np. logistykę, księgowość, finanse, produkcję, działania prawne – przekazuję firmom, które świetnie radzą sobie z tymi właśnie zagadnieniami.

☼

Rozdział 5

Źródła inspiracji

Przebywanie z ludźmi, którzy wyznaczają i osiągają cele, może mieć na nas bardzo pozytywny wpływ. Warto zastanowić się, czy mamy w swoim otoczeniu takie osoby, i spróbować poczuć ich dobrą energię. Jeśli mamy już na myśli jakiś konkretny cel, odwagi i determinacji może nam dodać poznanie doświadczeń innego człowieka, który podobne dążenie już zrealizował. Można to osiągnąć dzięki osobistemu kontaktowi, ale równie dobrą metodą jest czytanie biografii takich osób. Jeśli sam odnosiłeś sukcesy na tym polu, powinieneś dzielić się doświadczeniami z innymi. Najpierw jednak upewnij się, że znajdziesz przychylnych słuchaczy, którzy dobrze zrozumieją twoje intencje. Nierzadko zdarza się, że dzieląc się z głębi serca i w dobrej wierze swoimi dokonaniami, natrafiamy na pełnych tłumionej frustracji ludzi, którzy umieją patrzeć na innych jedynie z zawiścią. Tacy ludzie mogą cię np. posądzić o nieuczciwość, a w najlepszym razie o pyszałkowatość. Nie warto na siłę zabiegać o ich względy. Szukaj towarzystwa osób życzliwych, które będą razem z tobą cieszyć się z sukcesów i pomagać ci wyciągać wnioski z niepowodzeń.

W trudach realizacji zamierzeń może cię wesprzeć również osoba posiadająca odpowiednią wiedzę i doświadczenie w danej dziedzinie. Tak było w moim przypadku, gdy podjąłem decyzję o odchudzaniu się. Przez 6 lat nic w tym kierunku nie robiłem – moje cele nie były ani konkretne, ani spójne, bo wewnętrznie nie wierzyłem w ich realność. I chociaż wiedziałem, że chcę schudnąć, nie miałem żadnego planu.

Nie byłem gotowy udźwignąć tego zadania. Ale kiedy przyszedł na to odpowiedni czas, zacząłem osiągać konkretne rezultaty. Przeszedłem na dietę i podjąłem aktywność fizyczną. Słuchałem wówczas rad osób, które miały doświadczenie na tym polu. Połączenie wszystkich tych elementów pozwoliło mi odnieść sukces, ale była to droga pełna chwil słabości i zwątpienia. W rezultacie zrzuciłem 17 kg (schudłem z 96 na 79 kg).

Nie rezygnuj zatem zbyt pochopnie. Nie oczekuj, że uda ci się coś osiągnąć łatwo, szybko i bez wyrzeczeń.

Jest takie powiedzenie: wszyscy wiedzą, że czegoś nie da się zrobić, i nie robią tego, aż znajduje się taki jeden, który też nie wie, ale to robi. Często właśnie mnie przypadała rola tego jedynego wśród tłumu „oświeconych realistów", gotów byłem porywać się na rzeczy dla innych niewykonalne. Prawdziwa i wartościowa wiedza to w moim mniemaniu informacje, które pozwolą przezwyciężyć trudności, a nie takie, które nakazują w ogóle zaniechać działania. Niestety, świat pełen jest pseudoznawców, którzy pouczają i zniechęcają tych mniej pewnych siebie. Defetyzm powoduje, że niektóre naprawdę ciekawe i inspirujące inicjatywy nigdy nie zostaną podjęte. Nie ma nic bardziej uzdrawiającego niż uwolnienie się spod takich wpływów, pozbycie się obaw i uprzedzeń oraz wejście w rolę jedynego pełnego entuzjazmu „ignoranta" wśród rzeszy sfrustrowanych „mędrców".

Rozdział 6

Przykłady wyznaczania i osiągania celów w różnych obszarach

Cele powinny opierać się na twoich nadrzędnych wartościach. Zobaczmy na przykładzie, jak można je w ten sposób formułować.

Jeśli jesteś samotny, a twoją nadrzędną wartością jest rodzina, powinieneś dogłębnie przemyśleć swoją przyszłą rolę i zachowanie w tym kontekście. Zastanów się, czy spełniasz kryteria niezbędne do wejścia w rolę małżonka. Zadaj sobie następujące pytania:
- Czy czuję entuzjazm i radość, myśląc o spędzeniu całego życia z jednym partnerem?
- Czy jestem skłonny do kompromisu, czy raczej należę do tych, którzy zawsze stawiają na swoim?

- Czy potrafię zająć się domem: gotować, sprzątać, prać, dokonywać drobnych napraw itd.? Czy jestem gotowy się tego nauczyć?
- Czy chcę mieć dzieci?
- Czy jestem w stanie dla dobra rodziny poświęcić niektóre ze swoich przyjemności, zainteresowań, celów zawodowych?
- Czy kiedy spotykam się z potencjalnymi partnerami, wybieram osoby, które również pragną założyć rodzinę, czy też spędzam czas wyłącznie z lekkoduchami myślącymi jedynie o własnej przyjemności?

Jeśli już masz rodzinę i uważasz ją za nadrzędną wartość, zapytaj siebie:

- Czy poświęcam współmałżonkowi i dzieciom odpowiednią ilość czasu i uwagi?
- Czy okazuję im miłość i prawdziwe zainteresowanie ich potrzebami?
- Czy nie realizuję innych planów, osobistych lub zawodowych, kosztem rodziny?
- Czy w dostatecznym stopniu angażuję się w wychowanie dzieci?
- Czy w odpowiedni sposób dbam o utrzyma-

nie ciepłych i bliskich relacji ze współmałżonkiem?
- Czy traktuję dzieci i współmałżonka z szacunkiem i miłością?
- Czy myślę o przyszłości swojej rodziny i planuję ważne dla nas wszystkich cele?
- Czy jestem świadomy, z czego muszę zrezygnować w innych obszarach życia, by z powodzeniem osiągać cele na polu rodzinnym? Czy się na to godzę?

Jeśli twoją nadrzędną wartością jest praca i kariera zawodowa, odpowiedz sobie na następujące pytania:
- Czy praca, którą obecnie wykonuję, daje mi satysfakcję? Czy jestem zadowolony z zarobków?
- Czy mam konkretne cele i plany dotyczące kariery zawodowej?
- Jakie stanowisko chciałbym zajmować za 2, 5, 10 lat?
- Jaka pensja satysfakcjonowałaby mnie za 2, 5, 10 lat?
- Jakie szkolenia i kursy chciałbym ukończyć w tym roku i w następnych latach?

- Czy moje plany są możliwe do zrealizowania w obecnej firmie, czy też powinienem rozważyć zmianę pracodawcy?
- Czy moje cele zawodowe nie stoją w konflikcie z innymi ważnymi wartościami, np. rodziną czy dbałością o zdrowie?
- Czy zdaję sobie sprawę ze wszystkich wyrzeczeń, które będę musiał ponieść, by osiągać swoje cele zawodowe?

Jeśli najważniejszą wartością jest dla ciebie wiedza i samorozwój, zapytaj siebie:

- Czy mam konkretne cele i plan w zakresie własnego rozwoju?
- Czy wiem, które dziedziny wiedzy chciałbym zgłębiać?
- Czy wybrałem konkretne umiejętności, które chciałbym zdobyć?
- Czy wiem, jakie kursy, seminaria i szkolenia powinienem odbyć, by je zdobyć?
- Czy określiłem realne horyzonty czasowe niezbędne do zdobycia nowej wiedzy i umiejętności?
- Czy wiem, jakie korzyści wynikną z osiągnięcia tych celów?

- Czy na realizację swoich planów poświęcam odpowiednią ilość czasu? Czy robię to w sposób ukierunkowany i systematyczny?

Jeśli twoją nadrzędną wartością jest zdrowie, odpowiedz sobie na następujące pytania:
- Czy jestem świadomy tego, jakie czynniki sprzyjają utrzymaniu zdrowia i dobrej kondycji?
- Czy stosuję tę wiedzę w praktyce, tzn. odpowiednio się odżywiam, uprawiam sport, nie korzystam z używek, odwiedzam regularnie lekarzy itd.?

Jeśli najważniejsze jest dla nas szczęście osobiste, powinniśmy określić dosyć szczegółowo, co to dla nas oznacza. Dla przykładu opowiem, jak ja doszedłem do odkrycia swoich najważniejszych życiowych potrzeb, które składają się moje na szczęście. Bardzo długo zastanawiałem się nad jego definicją. Udało mi się dotrzeć do pragnień ukształtowanych jeszcze w dzieciństwie. Jak wspomniałem, moja rodzina nie była zamożna i często brakowało nam pieniędzy nawet na najbardziej podstawowe artykuły. Mimo że nie przypominam sobie, bym wtedy z tego powodu bardzo cierpiał, zostawiło to jednak trwały ślad w mojej psychice. Nakładały się na to problemy zdrowotne mojej mamy, która zawsze uskarżała się na różnego rodzaju dolegliwości, co bardzo mnie martwiło i napawało lękiem. Mama często przebywała w szpitalu i mieszkałem wtedy z rodziną jej brata. Czułem wielki dyskomfort, że ktoś musi się mną opiekować (miałem 11 lat). Uciekałem w wyobraźnię. Rozmyślałem o życiu bez chorób, cierpień, bez poniżania innych, porównywania się i negatywnej rywalizacji. Wyobrażałem sobie, że przyjdzie taki czas, gdy będę miał wpływ na swoje życie i będę spełniał swoje marzenia. Kiedy zmarł mój ojciec (miałem 15 lat), przeżyłem silny wstrząs, utraciłem wiarę i zaufanie do innych ludzi. Jego przedwczesne odejście zburzyło dotychczasowy porządek i harmonię w moim życiu. Chyba właśnie dlatego narodziła się we mnie tak silna potrzeba spokoju umysłu, na który składają się: bezpieczeństwo materialne, posiadanie wiedzy i umiejętności pozwalających na kontrolowanie własnego życia, a także dbałość o zdrowie oraz otaczanie się ludźmi, którym mogę ufać. Ustaliwszy te podstawowe dla mnie wartości, dowiedziałem się, jakie są moje życiowe dążenia i co mam robić, by je realizować. Wiedziałem, że muszę i chcę to zrobić w jak najkrótszym czasie. Może dlatego już w wieku zaledwie 18 lat otworzyłem pierwszą firmę, której nadałem nazwę Bananex. Dawała mi ona poczucie wolności i bezpieczeństwa. Jak wskazuje nazwa firmy, handlowałem bananami, kupując je w hurcie i sprzedając na rynku w detalu.

Szukając własnej definicji szczęścia, możesz zadać sobie pytania:

- Co tak naprawdę czyni mnie szczęśliwym?
- Co daje mi spokój umysłu i poczucie spełnienia?
- Jakie są moje najbardziej podstawowe potrzeby, bez których zaspokojenia źle funkcjonuję?

Gdy już dowiesz się, czym jest dla ciebie szczęście, postaraj się uszczegółowić jego składniki. Jeśli na przykład oznacza ono dla ciebie niezależność finansową, zapytaj siebie:

- Co rozumiem przez niezależność finansową? (Określ to jasno i precyzyjnie, w konkretnych kwotach).
- Czy moja obecna praca i zarobki pozwalają mi na uzyskanie niezależności finansowej?
- Czy mam opracowany roczny budżet mojej rodziny oraz planuję wydatki i zakupy w sposób rozsądny?
- Czy gromadzę oszczędności?
- Czy inwestuję nadwyżki finansowe w sposób zyskowny i bezpieczny?

Oczywiście pytania muszą być odpowiednio dostosowane do tematu, który akurat zgłębiasz. Pamiętaj, by zawsze wyjść od kluczowych wartości i na ich podstawie określać priorytety i cele.

Odpowiedie pytania muszą być odpowiednio dostosowane do tematu, który akurat zgłębiasz. Pamiętaj, by zawsze wyjść od kluczowych wartości i na ich podstawie określać priorytety i cele. erwszą firmę, której nadałem nazwę B Czasem, aby uzyskać satysfakcjonującą, prawdziwie znaczącą odpowiedź, pytanie trzeba powtarzaie pytania muszą być odpowiednio dostosowane do tematu, który akurat zgłębiasz. Pamiętaj, by zawsze wyjść od kluczowych wartości i na ich podstawie określać priorytety i cele. erwszą firmę, której nadałem nazwę B Czasem, aby uzyskać sati innym zewnętrznym czynnikom.

Pamiętaj, że cele nigdy nie powinny stać w opozycji do twoich nadrzędnych wartości. Powinny z nich wynikać – to podstawa sukcesu i szczęścia.

Chociaż wyznaczanie i osiąganie celów uważam niemal za obowiązek każdego człowieka, wiem także, że trzeba liczyć się z pewnymi negatywnymi konsekwencjami tego działania. Otóż mogą znaleźć się w twoim otoczeniu ludzie, którzy zaczną patrzeć na ciebie z niechęcią, a nawet zawiścią. Możesz usłyszeć niewybredne dowcipy i złośliwe docinki wyrażające powątpiewanie w realność twoich planów. Nie daj się jednak zwieść z raz obranej drogi. Gdy tylko twoje wysiłki zaczną przynosić wymierne rezultaty, złośliwi zamilkną, a dla wielu innych staniesz się inspiracją i wzorem.

☼

Rozdział 7

Człowiek, którzy zasłynął z maestrii w wyznaczaniu i osiąganiu celów

Walt Disney to jeden z największych twórców przemysłu rozrywkowego w historii. Kojarzony jest nieodłącznie z filmami produkowanymi przez The Walt Disney Company oraz ogromnym parkiem rozrywki – Disneylandem – który bawi kolejne już pokolenia. Disney otrzymał 26 nagród Amerykańskiej Akademii Filmowej (w tym 4 honorowe) oraz 46 nominacji. Urodził się w Chicago, ale prawie całe dzieciństwo spędził na farmie niedaleko Marceline w stanie Missouri, a następnie w Kansas City. Jego rodzice byli prostymi i ubogimi ludźmi, codziennie borykali się z problemami finansowymi. W szkole Disney nie wyróżniał się niczym szczególnym, nauczyciele uważali go za marzyciela. Zresztą w wieku 16 lat porzucił naukę i gdy wybuchła I wojna światowa, został ochotniczym kierowcą ambulansu. Zanim wkroczył na drogę, która doprowadziła go do sukcesu, imał się najróżniejszych zajęć: był gońcem w redakcji, a nawet listonoszem. Sławę przyniosła mu jednak dopiero działalność w branży filmowej.

Disney rozmyślnie firmował wszystkie swoje produkcje własnym nazwiskiem. Chciał, by napis „Walt Disney" kojarzył się jednoznacznie z dobrą rozrywką dla całej rodziny. Jego współpracownicy podziwiali go za wizjonerskie spojrzenie, które zawsze wybiegało daleko w przyszłość. Widział nie tylko ostateczny kształt danego przedsięwzięcia, ale potrafił także opisać je w najdrobniejszych szczegółach, wraz z drogą prowadzącą do celu. Ludzie byli pod wrażeniem twórczego rozmachu Disneya. Potrafił godzinami opowiadać o swoich wizjach i planach w sposób tak przekonujący, że słuchacze mogli ich niemal dotknąć. Miał talent do wydobywania z ludzi tego, co najlepsze. Niezwykła łatwość, z jaką opisywał cele i rezultaty planowanych działań, sprawiała, że inni dawali z siebie wszystko, dzięki czemu nieraz byli zaskoczeni swoimi osiągnięciami. Przychylność otoczenia Disney zjednywał sobie niezwykłym optymizmem i pasją, która przejawiała się we wszystkim, czego się podejmował. Nie przejmował się porażkami, nie zraził się w ogóle bankructwem swojego pierwszego filmowego przedsięwzięcia. Ciągle ulepszał pomysły i pokonywał kolejne bariery. Kiedy zrewolucjonizował film animowany i doszedł do kresu możliwości tej dziedziny, zajął się nowymi przedsięwzięciami: filmem fabularnym i przyrodniczym, rozrywkowymi programami telewizyjnymi oraz parkiem rozrywki, który stał się ukoronowaniem dzieła jego życia. W świadomości publicznej Disney został zapamiętany jako twórczy geniusz z powodzeniem realizujący najśmielsze wizje i spełniający marzenia. Jego współpracownicy określali go jako człowieka, który wie, czego chce, i wie, jak tego dokonać.

Sam Disney nigdy nie dorobił się wielkiego majątku, dopiero w ostatnich latach życia zaczęło mu się znacznie lepiej powodzić. Tak opowiadał o narodzinach pomysłu stworzenia swojego imperium rozrywki: „Wszystko zaczęło się, kiedy moje córki były jeszcze małe i zabierałem je w niedzielę do wesołego miasteczka. Siedziałem na ławce, jadłem prażone orzeszki ziemne i rozglądałem się wokoło. Zastanawiałem się, dlaczego, na Boga, nie ma jakiegoś lepszego miejsca, do którego mógłbym zabrać swoje dzieci i pobawić się razem z nimi. Rozwinięcie tego pomysłu zajęło mi około piętnastu lat"[1]. Dzięki Disneyowi film animowany zyskał rangę artystyczną. Miał on wielki wkład w rozwój masowej rozrywki familijnej na świecie. Disneyland okazał się strzałem w dziesiątkę – był nowatorskim przedsięwzięciem, które wpłynęło na dalszy rozwój rozrywki na świeżym powietrzu. Pod koniec życia Disney marzył o stworzeniu uczelni integrującej wszystkie dziedziny

---

[1] B. Thomas, *Walt Disney. Fenomen sukcesu*, przeł. T. Rutkowska, Olsztyn 1997.

sztuki oraz o wybudowaniu wzorcowego miasta przyszłości. Któż mógłby przypuszczać, że syn ubogiego irlandzkiego emigranta zajdzie tak daleko i odciśnie tak wyraźne piętno na światowej historii? Jednak udało mu się – zapewne dzięki wizji i umiejętności nieugiętego dążenia do jasno wytyczonych celów. Gorąco zachęcam do wnikliwej analizy biografii tego człowieka.

* * *

Mam nadzieję, że po przeczytaniu książki, którą trzymasz teraz w rękach, dojdziesz do wniosku, że wyznaczanie celów jest dobrym narzędziem do osiągania satysfakcji. Nikt nie rodzi się z tą umiejętnością.

Oczywiście – jedni mają do tego większe, inni mniejsze predyspozycje. Jednak każdy może się tego nauczyć. Wykorzystaj przedstawione tu metody i techniki.

Jeśli do tej pory wierzyłeś, że twoim życiem rządzi szczęście, przypadek i zbieg okoliczności, jeszcze dziś przestań tak myśleć. Nie upatruj źródła sukcesów i porażek w czynnikach zewnętrznych.

Weź życie w swoje ręce, wyznaczaj sobie ambitne cele i osiągaj je.

Co możesz zapamiętać?

1. Wyznaczając cele, decydujesz, co chcesz osiągnąć i dokąd chcesz zajść w życiu – nadajesz mu tym samym sens.
2. Dobry cel powinien być: szczegółowy, mierzalny, realistyczny, trafny, terminowy, ekscytujący i zapisany.
3. Wyciągaj wnioski z sukcesów i porażek.
4. Czerp inspirację z różnych źródeł – nie tylko z autorytetów, ale też z biografii i przykładów innych ludzi. Takich, którzy potrafią ustalać i osiągać własne cele.
5. Znajdź czas na spotkanie z samym sobą i wyznacz sobie cele w różnych sferach życia, w różnych perspektywach czasowych. Zapisz swoje wnioski i ustalenia.
6. Wyznaczania celów nie powinno się odkładać na potem. Zacznij to robić już dziś!

Bibliografia

Albright M., Carr C., *Największe błędy menedżerów*, Warszawa 1997.
Allen B.D., Allen W.D., *Formuła 2+2. Skuteczny coaching*, Warszawa 2006.
Anderson Ch., *Za darmo: przyszłość najbardziej radykalnej z cen*, Kraków 2011.
Anthony R., *Pełna wiara w siebie*, Warszawa 2005.
Ariely D., *Zalety irracjonalności. Korzyści z postępowania wbrew logice w domu i pracy*, Wrocław 2010.
Bates W.H., *Naturalne leczenie wzroku bez okularów*, Katowice 2011.
Bettger F., *Jak umiejętnie sprzedawać i zwielokrotnić dochody*, Warszawa 1995.
Blanchard K., Johnson S., *Jednominutowy menedżer*, Konstancin-Jeziorna 1995.
Blanchard K., O'Connor M., *Zarządzanie poprzez wartości*, Warszawa 1998.
Bogacka A.W., *Zdrowie na talerzu*, Białystok 2008.
Bollier D., *Mierzyć wyżej. Historie 25 firm, które osiąg-

nęły sukces, łącząc skuteczne zarządzanie z realizacją misji społecznych, Warszawa 1999.

Bond W.J., *199 sytuacji, w których tracimy czas, i jak ich uniknąć*, Gdańsk 1995.

Bono E. de, *Dziecko w szkole kreatywnego myślenia*, Gliwice 2010.

Bono E. de, *Sześć kapeluszy myślowych*, Gliwice 2007.

Bono E. de, *Sześć ram myślowych*, Gliwice 2009.

Bono E. de, *Wodna logika. Wypłyń na szerokie wody kreatywności*, Gliwice 2011.

Bossidy L., Charan R., *Realizacja. Zasady wprowadzania planów w życie*, Warszawa 2003.

Branden N., *Sześć filarów poczucia własnej wartości*, Łódź 2010.

Branson R., *Zaryzykuj – zrób to! Lekcje życia*, Warszawa-Wesoła 2012.

Brothers J., Eagan E, *Pamięć doskonała w 10 dni*, Warszawa 2000.

Buckingham M., *To jedno, co powinieneś wiedzieć… o świetnym zarządzaniu, wybitnym przywództwie i trwałym sukcesie osobistym*, Warszawa 2006.

Buckingham M., *Wykorzystaj swoje silne strony. Użyj dźwigni swojego talentu*, Waszawa 2010

Buckingham M., Clifton D.O., *Teraz odkryj swoje silne strony*, Warszawa 2003.

Butler E., Pirie M., *Jak podwyższyć swój iloraz inteligencji?*, Gdańsk 1995.

Buzan T., *Mapy myśli*, Łódź 2008.

Buzan T., *Pamięć na zawołanie*, Łódź 1999.

Buzan T., *Podręcznik szybkiego czytania*, Łódź 2003.

Buzan T., *Potęga umysłu. Jak zyskać sprawność fizyczną i umysłową: związek umysłu i ciała*, Warszawa 2003.

Buzan T., Dottino T., Israel R., *Zwykli ludzie – liderzy. Jak maksymalnie wykorzystać kreatywność pracowników*, Warszawa 2008.

Carnegie D., *I ty możesz być liderem*, Warszawa 1995.

Carnegie D., *Jak przestać się martwić i zacząć żyć*, Warszawa 2011.

Carnegie D., *Jak zdobyć przyjaciół i zjednać sobie ludzi*, Warszawa 2011.

Carnegie D., *Po szczeblach słowa. Jak stać się doskonałym mówcą i rozmówcą*, Warszawa 2009.

Carnegie D., Crom M., Crom J.O., *Szkoła biznesu. O pozyskiwaniu klientów na zawsze*, Waszrszawa 2003

Cialdini R., *Wywieranie wpływu na ludzi*, Gdańsk 1998.

Clegg B., *Przyspieszony kurs rozwoju osobistego*, Warszawa 2002.

Cofer C.N., Appley M.H., *Motywacja: teoria i badania*, Warszawa 1972.

Cohen H., *Wszystko możesz wynegocjować. Jak osiągnąć to, co chcesz*, Warszawa 1997. r Covey S.R., 3. rozwiązanie, Poznań 2012.

Covey S.R., *7 nawyków skutecznego działania*, Poznań 2007.

Covey S.R., *8. nawyk*, Poznań 2006.

Covey S.R., Merrill A.R., Merrill R.R., *Najpierw rzeczy najważniejsze*, Warszawa 2007.

Craig M., *50 najlepszych (i najgorszych) interesów w historii biznesu*, Warszawa 2002.

Csikszentmihalyi M., *Przepływ: psychologia optymalnego doświadczenia*, Wrocław 2005

Davis R.C., Lindsmith B., *Ludzie renesansu: umysły, które ukształtowały erę nowożytną*, Poznań 2012

Davis R.D., Braun E.M., *Dar dysleksji. Dlaczego niektórzy zdolni ludzie nie umieją czytać i jak mogą się nauczyć*, Poznań 2001.

Dearlove D., *Biznes w stylu Richarda Bransona. 10 tajemnic twórcy megamarki*, Gdańsk 2009.

DeVos D., *Podstawy wolności. Wartości decydujące o sukcesie jednostek i społeczeństw*, Konstancin-Jeziorna 1998.

DeVos R.M., Conn Ch.P., *Uwierz! Credo człowieka czynu, współzałożyciela Amway Corporation, hołdującego zasadom, które uczyniły Amerykę wielką*, Warszawa 1994.

Dixit A.K., Nalebuff B.J., *Myślenie strategiczne. Jak zapewnić sobie przewagę w biznesie, polityce i życiu prywatnym*, Gliwice 2009.

Dixit A.K., Nalebuff B.J., *Sztuka strategii. Teoria gier w biznesie i życiu prywatnym*, Warszawa 2009.

Dobson J., *Jak budować poczucie wartości w swoim dziecku*, Lublin 1993.

Doskonalenie strategii (seria *Harvard Bussines Review*), praca zbiorowa, Gliwice 2006.

Dryden G., Vos J., *Rewolucja w uczeniu*, Poznań 2000.

Dyer W.W., *Kieruj swoim życiem*, Warszawa 2012.

Dyer W.W., *Pokochaj siebie*, Warszawa 2008.

Edelman R.C., Hiltabiddle T.R., Manz Ch.C., *Syndrom miłego człowieka*, Gliwice 2010.

Eichelberger W., Forthomme P., Nail F., *Quest. Twoja droga do sukcesu. Nie ma prostych recept na sukces, ale są recepty skuteczne*, Warszawa 2008.

Enkelmann N.B., *Biznes i motywacja*, Łódź 1997.

Eysenck H. i M., *Podpatrywanie umysłu. Dlaczego ludzie zachowują się tak, jak się zachowują?*, Gdańsk 1996.

Ferriss T., *4-godzinny tydzień pracy. Nie bądź płatnym niewolnikiem od 7.00 do 17.00*, Warszawa 2009.

Flexner J.T., Waschington. *Człowiek niezastąpiony*, Warszawa 1990.

Forward S., Frazier D., *Szantaż emocjonalny: jak obronić się przed manipulacją i wykorzystaniem*, Gdańsk 2011.

Frankl V.E., *Człowiek w poszukiwaniu sensu*, Warszawa 2009.
Fraser J.F., *Jak Ameryka pracuje*, Przemyśl 1910.
Freud Z., *Wstęp do psychoanalizy*, Warszawa 1994.
Fromm E., *Mieć czy być*, Poznań 2009.
Fromm E., *Niech się stanie człowiek. Z psychologii etyki*, Warszawa 2005.
Fromm E., *O sztuce miłości*, Poznań 2002.
Fromm E., *O sztuce słuchania. Terapeutyczne aspekty psychoanalizy*, Warszawa 2002.
Fromm E., *Serce człowieka. Jego niezwykła zdolność do dobra i zła*, Warszawa 2000.
Fromm E., *Ucieczka od wolności*, Warszawa 2001.
Fromm E., *Zerwać okowy iluzji*, Poznań 2000.
Galloway D., *Sztuka samodyscypliny*, Warszawa 1997.
Gardner H., *Inteligencje wielorakie – teoria w praktyce*, Poznań 2002.
Gawande A., *Potęga checklisty: jak opanować chaos i zyskać swobodę w działaniu*, Kraków 2012.
Gelb M.J., *Leonardo da Vinci odkodowany*, Poznań 2005.
Gelb M.J., Miller Caldicott S., *Myśleć jak Edison*, Poznań 2010.
Gelb M.J., *Myśleć jak geniusz*, Poznań 2004.
Gelb M.J., *Myśleć jak Leonardo da Vinci*, Poznań 2001.
Giblin L., *Umiejętność postępowania z innymi...*, Kraków 1993.

Girard J., Casemore R., *Pokonać drogę na szczyt*, Warszawa 1996.

Glass L., *Toksyczni ludzie*, Poznań 1998.

Godlewska M., *Jak pokonałam raka*, Białystok 2011.

Godwin M., *Kim jestem? 101 dróg do odkrycia siebie*, Warszawa 2001.

Goleman D., *Inteligencja emocjonalna*, Poznań 2002.

Gordon T., *Wychowywanie bez porażek szefów, liderów, przywódców*, Warszawa 1996.

Gorman T., *Droga do skutecznych działań. Motywacja*, Gliwice 2009.

Gorman T., *Droga do wzrostu zysków. Innowacja*, Gliwice 2009.

Greenberg H., Sweeney P., *Jak odnieść sukces i rozwinąć swój potencjał*, Warszawa 2007.

Habeler P., Steinbach K., *Celem jest szczyt*, Warszawa 2011.

Hamel G., Prahalad C.K., *Przewaga konkurencyjna jutra*, Warszawa 1999.

Hamlin S., *Jak mówić, żeby nas słuchali*, Poznań 2008.

Hill N., *Klucze do sukcesu*, Warszawa 1998.

Hill N., *Magiczna drabina do sukcesu*, Warszawa 2007.

Hill N., *Myśl!... i bogać się. Podręcznik człowieka interesu*, Warszawa 2012.

Hill N., *Początek wielkiej kariery*, Gliwice 2009.

Ingram D.B., Parks J.A., *Etyka dla żółtodziobów, czyli wszystko, co powinieneś wiedzieć o...*, Poznań 2003.

Jagiełło J., Zuziak W. [red.], *Człowiek wobec wartości*, Kraków 2006.

James W., *Pragmatyzm*, Warszawa 2009.

Jamruszkiewicz J., *Kurs szybkiego czytania*, Chorzów 2002.

Johnson S., *Tak czy nie. Jak podejmować dobre decyzje*, Konstancin-Jeziorna 1995.

Jones Ch., *Życie jest fascynujące*, Konstancin-Jeziorna 1993.

Kanter R.M., *Wiara w siebie. Jak zaczynają się i kończą dobre i złe passy*, Warszawa 2006.

Keller H., *Historia mojego życia*, Warszawa 1978.

Kirschner J., *Zwycięstwo bez walki. Strategie przeciw agresji*, Gliwice 2008.

Koch R., *Zasada 80/20. Lepsze efekty mniejszym nakładem sił i środków*, Konstancin--Jeziorna 1998.

Kopmeyer M.R., *Praktyczne metody osiągania sukcesu*, Warszawa 1994.

Ksenofont, *Cyrus Wielki. Sztuka zwyciężania*, Warszawa 2008.

Kuba A., Hausman J., *Dzieje samochodu*, Warszawa 1973.

Kumaniecki K., *Historia kultury starożytnej Grecji i Rzymu*, Warszawa 1964.

Lamont G., *Jak podnieść pewność siebie*, Łódź 2008.

Leigh A., Maynard M., *Lider doskonały*, Poznań 1999.

Littauer F., *Osobowość plus*, Warszawa 2007.

Loreau D., *Sztuka prostoty*, Warszawa 2009.

Lott L., Intner R., Mendenhall B., *Autoterapia dla każdego. Spróbuj w osiem tygodni zmienić swoje życie*, Warszawa 2006.

Maige Ch., Muller J.-L., *Walka z czasem. Atut strategiczny przedsiębiorstwa*, Warszawa 1995.

Mansfield P., *Jak być asertywnym*, Poznań 1994.

Martin R., *Niepokorny umysł. Poznaj klucz do myślenia zintegrowanego*, Gliwice 2009.

Maslow A., *Motywacja i osobowość*, Warszawa 2009.

Matusewicz Cz., *Wprowadzenie do psychologii*, Warszawa 2011.

Maxwell J.C., *21 cech skutecznego lidera*, Warszawa 2012.

Maxwell J.C., *Tworzyć liderów, czyli jak wprowadzać innych na drogę sukcesu*, Konstancin-Jeziorna 1997.

Maxwell J.C., *Wszyscy się komunikują, niewielu potrafi się porozumieć*, Warszawa 2011.

McCormack M.H., *O zarządzaniu*, Warszawa 1998.

McElroy K., *Jak inwestować w nieruchomości. Znajdź ukryte zyski, których większość inwestorów nie dostrzega*, Osielsko 2008.

McGee P., *Pewność siebie. Jak mała zmiana może zrobić wielką różnicę*, Gliwice 2011.

McGrath H., Edwards H., *Trudne osobowości. Jak radzić sobie ze szkodliwymi zachowaniami innych oraz własnymi*, Poznań 2010.

Mellody P., Miller A.W., Miller J.K., *Toksyczna miłość i jak się z niej wyzwolić*, Warszawa 2013.

Melody B., *Koniec współuzależnienia*, Poznań 2002.

Miller M., *Style myślenia*, Poznań 2000.

Mingotaud F., *Sprawny kierownik. Techniki osiągania sukcesów*, Warszawa 1994.

MJ DeMarco, *Fastlane milionera*, Katowice 2012.

Morgenstern J., *Jak być doskonale zorganizowanym*, Warszawa 2000.

Nay W.R., *Związek bez gniewu. Jak przerwać błędne koło kłótni, dąsów i cichych dni*, Warszawa 2011.

Nierenberg G.I., *Ekspert. Czy nim jesteś?*, Warszawa 2001.

Ogger G., *Geniusze i spekulanci, Jak rodził się kapitalizm*, Warszawa 1993.

Osho, *Księga zrozumienia. Własna droga do wolności*, Warszawa 2009.

Parkinson C.N., *Prawo pani Parkinson*, Warszawa 1970.

Peale N.V., *Entuzjazm zmienia wszystko. Jak stać się zwycięzcą*, Warszawa 1996.

Peale N.V., *Możesz, jeśli myślisz, że możesz*, Warszawa 2005.

Peale N.V., *Rozbudź w sobie twórczy potencjał*, Warszawa 1997.

Peale N.V., *Uwierz i zwyciężaj. Jak zaufać swoim myślom i poczuć pewność siebie*, Warszawa 1999.

Pietrasiński Z., *Psychologia sprawnego myślenia*, Warszawa 1959.

Pilikowski J., *Podróż w świat etyki*, Kraków 2010.

Pink D.H., *Drive*, Warszawa 2011.

Pirożyński M., *Kształcenie charakteru*, Poznań 1999.

Pismo Święte Starego i Nowego Testamentu. Biblia Tysiąclecia, Warszawa 2002.

Pismo Święte w Przekładzie Nowego Świata, 1997.

Popielski K., *Psychologia egzystencji. Wartości w życiu*, Lublin 2009.

Poznaj swoją osobowość, Bielsko-Biała 1996.

Przemieniecki J., *Psychologia jednostki. Odkoduj szyfr do swego umysłu*, Warszawa 2008.

Pszczołowski T., *Umiejętność przekonywania i dyskusji*, Gdańsk 1998.

Reiman T., *Potęga perswazyjnej komunikacji*, Gliwice 2011.

Robbins A., *Nasza moc bez granic. Skuteczna metoda osiągania życiowych sukcesów za pomocą NLP*, Konstancin-Jeziorna 2009.

Robbins A., *Obudź w sobie olbrzyma... i miej wpływ na całe swoje życie – od zaraz*, Poznań 2002.

Robbins A., *Olbrzymie kroki*, Warszawa 2001.

Robert M., *Nowe myślenie strategiczne: czyste i proste*, Warszawa 2006.

Robinson J.W., *Imperium wolności. Historia Amway Corporation*, Warszawa 1997.

Rose C., Nicholl M.J., *Ucz się szybciej, na miarę XXI wieku*, Warszawa 2003.

Rose N., *Winston Churchill. Życie pod prąd*, Warszawa 1996.

Rychter W., *Dzieje samochodu*, Warszawa 1962.

Ryżak Z., *Zarządzanie energią kluczem do sukcesu*, Warszawa 2008.

Savater F., *Etyka dla syna*, Warszawa 1996.

Schäfer B., *Droga do finansowej wolności. Pierwszy milion w ciągu siedmiu lat*, Warszawa 2011.

Schäfer B., *Zasady zwycięzców*, Warszawa 2007.

Scherman J.R., *Jak skończyć z odwlekaniem i działać skutecznie*, Warszawa 1995.

Schuller R.H., *Ciężkie czasy przemijają, bądź silny i przetrwaj je*, Warszawa 1996.

Schwalbe B., Schwalbe H., Zander E., *Rozwijanie osobowości. Jak zostać sprzedawcą doskonałym*, tom 2, Warszawa 1994.

Schwartz D.J., *Magia myślenia kategoriami sukcesu*, Konstancin-Jeziorna 1994.

Schwartz D.J., *Magia myślenia na wielką skalę. Jak zaprząc duszę i umysł do wielkich osiągnięć*, Warszawa 2008.

Scott S.K., *Notatnik milionera. Jak zwykli ludzie mogą osiągać niezwykłe sukcesy*, Warszawa 1997.

Sedlak K. [red.], *Jak poszukiwać i zjednywać najlepszych pracowników*, Kraków 1995.

Seiwert L.J., *Jak organizować czas*, Warszawa 1998.

Seligman M.E.P., *Co możesz zmienić, a czego nie możesz*, Poznań 1995.

Seligman M.E.P., *Pełnia życia*, Poznań 2011.

Seneka, *Myśli*, Kraków 1989.

Sewell C., Brown P.B., *Klient na całe życie, czyli jak przypadkowego klienta zmienić w wiernego entuzjastę naszych usług*, Warszawa 1992.

Słownik pisarzy antycznych, Warszawa 1982.

Smith A., *Umysł*, Warszawa 1989.

Spector R., *Amazon.com. Historia przedsiębiorstwa, które stworzyło nowy model biznesu*, Warszawa 2000.

Spence G., *Jak skutecznie przekonywać... wszędzie i każdego dnia*, Poznań 2001.

Sprenger R.K., *Zaufanie # 1*, Warszawa 2011.

Staff L., *Michał Anioł*, Warszawa 1990.

Stone D.C., *Podążaj za swymi marzeniami*, Konstancin-Jeziorna 1998.

Swiet J., *Kolumb*, Warszawa 1979.

Szurawski M., *Pamięć. Trening interaktywny*, Łódź 2004.

Szyszkowska M., *W poszukiwaniu sensu życia*, Warszawa 1997.

Tatarkiewicz W., *O szczęściu*, Warszawa 1979.

Tavris C., Aronson E., *Błądzą wszyscy (ale nie ja)*, Sopot--Warszawa 2008.

Tracy B., *Milionerzy z wyboru. 21 tajemnic sukcesu*, Warszawa 2002.

Tracy B., *Plan lotu. Prawdziwy sekret sukcesu*, Warszawa 2008.

Tracy B., Scheelen F.M., *Osobowość lidera*, Warszawa 2001.

Tracy B., *Sztuka zatrudniania najlepszych. 21 praktycznych i sprawdzonych technik do wykorzystania od zaraz*, Warszawa 2006.

Tracy B., *Turbostrategia. 21 skutecznych sposobów na przekształcenie firmy i szybkie zwiększenie zysków*, Warszawa 2004.

Tracy B., *Zarabiaj więcej i awansuj szybciej. 21 sposobów na przyspieszenie kariery*, Warszawa 2007.

Tracy B., *Zarządzanie czasem*, Warszawa 2008.

Tracy B., *Zjedz tę żabę. 21 metod podnoszenia wydajności w pracy i zwalczania skłonności do zwlekania*, Warszawa 2005.

Twentier J.D., *Sztuka chwalenia ludzi*, Warszawa 1998.

Urban H., *Moc pozytywnych słów*, Warszawa 2012.

Ury W., *Odchodząc od nie. Negocjowanie od konfrontacji do kooperacji*, Warszawa 2000.

Vitale J., Klucz do sekretu. *Przyciągnij do siebie wszystko, czego pragniesz*, Gliwice 2009.

Waitley D., *Być najlepszym*, Warszawa 1998.

Waitley D., *Imperium umysłu*, Konstancin-Jeziorna 1997.

Waitley D., *Podwójne zwycięstwo*, Warszawa 1996.

Waitley D., *Sukces zależy od właściwego momentu*, Warszawa 1997.

Waitley D., Tucker R.B., *Gra o sukces. Jak zwyciężać w twórczej rywalizacji*, Warszawa 1996.

Walton S., Huey J., *Sam Walton. Made in America*, Warszawa 1994.

Waterhouse J., Minors D., Waterhouse M., *Twój zegar biologiczny. Jak żyć z nim w zgodzie*, Warszawa 1993.

Wegscheider-Cruse S., *Poczucie własnej wartości. Jak pokochać siebie*, Gdańsk 2007.

Wilson P., *Idealna równowaga. Jak znaleźć czas i sposób na pełnię życia*, Warszawa 2010.

Ziglar Z., *Do zobaczenia na szczycie*, Warszawa 1995.

Ziglar Z., *Droga na szczyt*, Konstancin-Jeziorna 1995.

Ziglar Z., *Ponad szczytem*, Warszawa 1995.

O autorze

Andrzej Moszczyński od 30 lat aktywnie zajmuje się działalnością biznesową. Jego główną kompetencją jest tworzenie skutecznych strategii dla konkretnych obszarów biznesu.

W latach 90. zdobywał doświadczenie w branży reklamowej – był prezesem i założycielem dwóch spółek z o.o. Zatrudniał w nich ponad 40 osób. Spółki te były liderami w swoich branżach, głównie w reklamie zewnętrznej – tranzytowej (reklamy na tramwajach, autobusach i samochodach). W 2001 r. przejęciem pakietów kontrolnych w tych spółkach zainteresowały się dwie firmy: amerykańska spółka giełdowa działająca w ponad 30 krajach, skupiająca się na reklamie radiowej i reklamie zewnętrznej oraz największy w Europie fundusz inwestycyjny. W 2003 r. Andrzej sprzedał udziały w tych spółkach inwestorom strategicznym.

W latach 2005-2015 był prezesem i założycielem spółki, która zajmowała się kompleksową komercjalizacją liderów rynku deweloperskiego (firma w sumie sprzedała ponad 1000 mieszkań oraz 350 apartamentów hotelowych w systemie condo).

W latach 2009-2018 był akcjonariuszem strategicznym oraz przewodniczącym rady nadzorczej fabryki urządzeń okrętowych Expom SA. Spółka ta zasięgiem działania obejmuje cały świat, dostarczając urządzenia (w tym dźwigi i żurawie) dla branży morskiej. W 2018 r. sprzedał pakiet swoich akcji inwestorowi branżowemu.

W 2014 r. utworzył w USA spółkę LLC, która działa w branży wydawniczej. W ciągu 14 lat (poczynając od 2005 r.) napisał w sumie 22 kieszonkowe poradniki z dziedziny rozwoju kompetencji miękkich – obszaru, który ma między innymi znaczenie strategiczne dla budowania wartości niematerialnych i prawnych przedsiębiorstw. Poradniki napisane przez Andrzeja koncentrują się na przekazaniu wiedzy o wartościach i rozwoju osobowości – czynnikach odpowiedzialnych za prowadzenie dobrego życia, bycie spełnionym i szczęśliwym.

Andrzej zdobywał wiedzę z dziedziny budowania wartości firm oraz tworzenia skutecznych strategii przy udziale następujących instytucji: Ernst & Young, Gallup Institute, PricewaterhauseCoopers (PwC) oraz Harward Business Review. Jego kompetencje można przyrównać do pracy **stroiciela instrumentu.**

Kiedy miał 7 lat, mama zabrała go do szkoły muzycznej, aby sprawdzić, czy ma talent. Przeszedł test pozytywnie – okazało się, że może rozpocząć edukację muzyczną. Z różnych powodów to nie nastąpiło. Często jednak w jego książkach czy wykładach można usłyszeć bądź przeczytać przykłady związane ze światem muzyki.

Dlaczego można przyrównać jego kompetencje do pracy stroiciela na przykład fortepianu? Stroiciel udoskonala fortepian, aby jego dźwięk był idealny. Każdy fortepian ma swój określony potencjał mierzony jakością dźwięku – dźwięku, który urzeka i wprowadza ludzi w stan relaksu, a może nawet pozytywnego ukojenia. Podobnie jak stroiciel Andrzej udoskonala różne procesy – szczególnie te, które dotyczą relacji z innymi ludźmi. Wierzy, że ludzie posiadają mechanizm psychologiczny, który można symbolicznie przyrównać do **mentalnego żyroskopu** czy **mentalnego noktowizora**. Rola Andrzeja polega na naprawieniu bądź wprowadzeniu w ruch tych „urządzeń".

Żyroskop jest urządzeniem, które niezależnie od komplikacji pokazuje określony kierunek. Tego typu urządzenie wykorzystywane jest na statkach i w samolotach. Andrzej jest przekonany, że rozwijanie **koncentracji i wyobraźni** prowadzi do włączenia naszego mentalnego żyroskopu. Dzięki temu możemy między innymi znajdować skuteczne rozwiązania skomplikowanych wyzwań.

Noktowizor to wyjątkowe urządzenie, które umożliwia widzenie w ciemności. Jest wykorzystywane przez wojsko, służby wywiadowcze czy myśliwych. Życie Andrzeja ukierunkowane jest na badanie tematu źródeł wewnętrznej motywacji – siły skłaniającej do działania, do przejawiania inicjatywy, do podejmowania wyzwań, do wchodzenia w obszary zupełnie nieznane. Andrzej ma przekonanie, że rozwijanie **poczucia własnej wartości** prowadzi do włączenia naszego mentalnego noktowizora. Bez optymalnego poczucia własnej wartości życie jest ciężarem.

W swojej pracy Andrzej koncentruje się na procesach podnoszących jakość następujących obszarów: właściwe interpretowanie zdarzeń, wyciąganie wniosków z analizy porażek oraz sukcesów, formułowanie właściwych pytań, a także korzystanie z wyobraźni w taki sposób, aby przewidywać swoją przyszłość, co łączy się bezpośrednio z umiejętnością strategicznego myślenia. Umiejętności te pomagają rozumieć mechanizmy wywierania wpływu przez inne osoby i umożliwiają niepoddawanie się wszechobecnej indoktrynacji. Kiedy mentalny noktowizor działa poprawnie, przekazuje w odpowiednim czasie sygnały ostrzegające, że ktoś posługuje się manipulacją, aby osiągnąć swoje cele.

Andrzej posiada również doświadczenie jako prelegent, co związane jest z jego zaangażowaniem w działania społeczne. W ostatnich 30 latach był zapraszany do udziału w różnych szkoleniach i seminariach, zgromadzeniach czy kongresach – w sumie jako mówca wystąpił ponad 700 razy. Jego przemówienia i wykłady znane są z inspirujących przykładów i zachęcających pytań, które mobilizują słuchaczy do działania.

Opinie o książce

Małe dziecko przychodzi na świat bez instrukcji obsługi, o czym boleśnie przekonują się kolejne pokolenia młodych rodziców. A jednak mimo tej pozornej przeszkody ludzkość była i jest w stanie poradzić sobie z tym wyzwaniem. Jak? Młodzi rodzice szybko uczą się – głównie metodą prób i błędów – jak zaspokajać potrzeby swojego dziecka. Rodzicielstwo to ciekawa mieszanka zaufania do własnej intuicji, pomocy bliskich i odwołania do wiedzy ekspertów. To nie stały zestaw umiejętności, które ujawniają się w chwili narodzin dziecka, lecz raczej proces nabywania nowych umiejętności dostosowanych do potrzeb i rozwoju własnych pociech.

Nie inaczej jest w przypadku rozpoznania swoich talentów i wykorzystania ich w codziennym życiu. Nie są to zdolności, jakie nabywa się po przeczytaniu jednej książki lub uczestniczeniu w weekendowych warsztatach, lecz raczej droga, na którą się wchodzi świadomie i którą podąża przez resztę życia. Wybierając się w podróż, zwykle pakujemy ze sobą przewodnik i mapę, dlatego też podczas podróży do własnego wnętrza także warto sięgnąć po jakiś przewodnik. Seria książek autorstwa Andrzeja Moszczyńskiego jest właśnie takim przewodnikiem, zawierającym cenne podpowiedzi oraz techniki odkrywania i wykorzystywania swoich talentów. Autor nie stawia się w pozycji eksperta wiedzącego lepiej, co jest dla nas dobre, lecz raczej doradcy odwołującego się szeroko do filozofii, literatury, współczesnych technik doskonalenia osobowości i własnych doświadczeń. Zdecydowanymi mocnymi stronami tej serii są przykłady z życia ilustrujące prezentowane zagadnienia oraz bogata bibliografia służąca jako punkt do dalszych poszukiwań dla wszystkich zainteresowanych doskonaleniem osobowości. Uważam, że seria ta będzie pomocna dla każdego zainteresowanego świadomym życiem i rozwojem osobistym.

Ania Bogacka
Editorial Consultant and Life Coach

* * *

Na rynku książek wybór poradników jest ogromny, ale wśród tego ogromu istnieją jasne punkty, w oparciu o które można kierować swoim życiem tak, by osiągnąć spełnienie. Samorealizacja jest osiągana poprzez mądrość i świadomość. To samo sprawia, że książki Andrzeja Moszczyńskiego są tak użyteczne i podnoszące na duchu. Dzielenie się mądrością w formie przykładów wielu historycznych postaci oświetla drogę w tej kluczowej podróży. Każda z książek Andrzeja jest kompletna sama w sobie, jednak wszystkie razem stanowią zestaw narzędzi, przy pomocy których każdy z nas może ulepszyć umysł i serce, aby ostatecznie przyjąć proaktywną i współczującą postawę wobec życia. Jako osoba, która badała i edytowała wiele tekstów z filozofii i duchowości, mogę z entuzjazmem polecić tę książkę.

Lawrence E. Payne

Dodatek

Cytaty, które pomagały autorowi napisać tę książkę

Na temat rozwoju

Przeznaczeniem człowieka jest jego charakter.

Heraklit z Efezu

Osobowość kształtuje się nie poprzez piękne słowa, lecz pracą i własnym wysiłkiem.

Albert Einstein

Na temat nastawienia do życia

Jeśli jesteś nieszczęśliwy, to dlatego, że cały czas myślisz raczej o tym, czego nie masz, zamiast koncentrować się na tym, co masz w danej chwili.

Anthony de Mello

W końcu, bracia, wszystko, co jest prawdziwe, co godne, co sprawiedliwe, co czyste, co miłe, co zasługuje na uznanie: jeśli jest jakąś cnotą i czynem chwalebnym – to miejcie na myśli.

List do Filipian 4:8

Na temat szczęścia

Ludzie są na tyle szczęśliwi, na ile sobie pozwolą nimi być.

Abraham Lincoln

Więcej szczęścia jest w dawaniu aniżeli w braniu.

Dz 20:35

Na temat poczucia własnej wartości

Bez Twojego pozwolenia nikt nie może sprawić, że poczujesz się gorszy.

Eleanor Roosevelt

Na temat możliwości człowieka

Nie ma rzeczy niemożliwych, są tylko te trudniejsze do wykonania.

Henry Ford

Gdybyśmy robili wszystkie rzeczy, które jesteśmy w stanie zrobić, wprawilibyśmy się w ogromne zdumienie.

Thomas Edison

Na temat poznawania siebie

Najpierw sami tworzymy własne nawyki, potem nawyki tworzą nas.

John Dryden

Na temat wiary w siebie

Człowiek, który zyska i zachowa władzę nad sobą, dokona rzeczy największych i najtrudniejszych.

Johann Wolfgang von Goethe

Ludzie potrafią, gdy sądzą, że potrafią.

Wergiliusz

Na temat wnikliwości

Prawdę należy mówić tylko temu, kto chce jej słuchać.

Seneka Starszy

Język mądrych jest lekarstwem.

Księga Przysłów 12:18

Na temat wytrwałości

Nic na świecie nie zastąpi wytrwałości. Nie zastąpi jej talent – nie ma nic powszechniejszego niż ludzie utalentowani, którzy nie odniosą sukcesów. Nie uczyni niczego sam geniusz – nienagradzany geniusz to już prawie przysłowie. Nie uczyni niczego też samo wykształcenie – świat jest pełen ludzi wykształconych, o których zapomniano. Tylko wytrwałość i determinacja są wszechmocne.

John Calvin Coolidge

Możemy zrealizować każde zamierzenie, jeśli potrafimy trwać w nim wystarczająco długo.

Helen Keller

Tak samo, jak pojedynczy krok nie tworzy ścieżki na ziemi, tak pojedyncza myśl nie stworzy ścieżki w Twoim umyśle. Prawdziwa ścieżka powstaje, gdy chodzimy po niej wielokrotnie. Aby stworzyć głęboką ścieżkę mentalną, potrzebne jest wielokrotne powtarzanie myśli, które mają zdominować nasze życie.

Napoleon Bonaparte

Na temat entuzjazmu

Tylko przykład jest zaraźliwy.

Lope de Vega

Na temat odwagi

Życie albo jest śmiałą przygodą, albo nie jest życiem. Nie lękać się zmian, a w obliczu kapryśności losu zachowywać hart ducha – oto siła nie do pokonania.

Helen Keller

Silny jest ten, kto potrafi przezwyciężyć swe szkodliwe przyzwyczajenia.

Benjamin Franklin

Życie jest przygodą dla odważnych albo niczym.

Helen Keller

Na temat realizmu

Kto z was, chcąc zbudować wieżę, nie usiądzie wpierw i nie obliczy wydatków, czy ma na jej wykończenie.

Ew. Łukasza 14:28

Pesymista szuka przeciwności w każdej okazji, optymista widzi okazje w każdej przeciwności.

Winston Churchill

Dajcie mi odpowiednio długą dźwignię i wystarczająco mocną podporę, a sam poruszę cały glob.

Archimedes

OFERTA WYDAWNICZA
Andrew Moszczynski Group sp. z o.o.

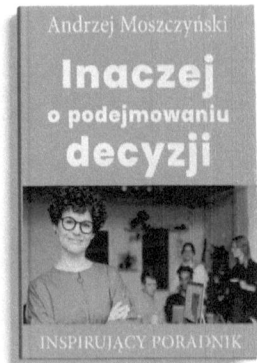

www.ingramcontent.com/pod-product-compliance
Lightning Source LLC
LaVergne TN
LVHW041614070526
838199LV00052B/3143